Nicolas Hénin

Der IS und die Fehler des Westens

Warum wir den Terror militärisch nicht besiegen können

Aus dem Französischen von Sandra Schmidt

orell füssli Verlag

Die französische Originalausgabe erschien 2015 unter dem Titel »Jihad Academy. Nos erreurs face à l'État islamique« im Verlag Librairie Arthème Fayard, Paris.

© 2015 Nicolas Hénin

© 2016 Orell Füssli Verlag AG, Zürich
www.ofv.ch
Rechte vorbehalten

Umschlaggestaltung: Hauptmann & Kompanie Werbeagentur, Zürich
Redaktion: Alwin Letzkus
Druck und Bindung: CPI books GmbH, Leck

ISBN 978-3-280-05628-8

Die Deutsche Nationalbibliothek verzeichnet diese Publikation in der Deutschen Nationalbibliografie; detaillierte bibliografische Daten sind im Internet über http://dnb.d-nb.de abrufbar.

Inhaltsverzeichnis

Einleitung

Die Hügel von Raqqa, die ausgetrockneten und steinigen Felsschluchten des Euphrat-Tals, die Jezira – all das erlangte an einem verfluchten Morgen im August 2014 traurige Berühmtheit. Der Film im Internet zeigt eine mit einem orangefarbenen Overall bekleidete Geisel. Der Henker verhöhnt sie und lässt sein Messer aufblitzen. Eine kurze Predigt als äußerste Provokation, dann die letzte Botschaft des Opfers an seine Familie. – Eine weitere Ermordung unter der Sonne Syriens.

Die makabre Inszenierung der Hinrichtung von James Foley hat die von ihren Machern erhoffte Wirkung noch übertroffen. Sie hat den Westen geschockt. Die großen Ferien waren zu Ende. Obama berief eine Krisensitzung ein; Cameron brach seinen Urlaub ab. Nach drei Jahren des Wartens, der Untätigkeit, der Unentschlossenheit erschien plötzlich und ungebeten die Gewalt auf unseren Bildschirmen. Sie zwang uns zu einer Reaktion. Der Islamische Staat trat auf den Plan.

Dabei hatten wir diesen Islamischen Staat seit seiner mehr oder weniger gütlichen Trennung von der Organisation Jabhat al-Nusra, dem offiziellen Handlanger von al-Qaida in Syrien, doch kommen sehen. Diese unerbittliche Entwicklung ging mit einer Entfesselung der Gewalt, der Zersplitterung der Opposition, mit wachsender Hoffnungslosigkeit und Frustration einher. Im Frühjahr hatten wir geglaubt, seine Entwicklung würde eine Atempause einlegen, während sich die bewaffneten Gruppen in Syrien in Bruderkämpfe verstrickten, aber die Verschlechterung der Situation im Irak gab ihm neuen Auftrieb. Der Islamische Staat eroberte beinah mühelos die Stadt Mosul und errichtete dann ein Kalifat. Besser gesagt, er führte es wieder ein, denn das Kalifat hatte in der Geschichte des Islams bis 1924 ununterbrochen bestanden.

Auf einen Schlag – durch diese Hinrichtung in der syrischen Wüste – war es, als ob wir uns der Herausforderung bewusst würden, die zugleich von Syrien, vom Irak und von dieser sich ›Islamistischer Staat‹[1] nennenden Gruppierung ausgeht. Tote hatte es bereits zu Tausenden, zu Hunderttausenden gegeben. Aber dieser eine traf uns mit voller Wucht. Es ging nicht mehr um Syrer oder Araber, die sich gegenseitig umbringen. Es ging um unsere eigenen Leute, um westliche Beteiligte. Mitten im syrischen Bürgerkrieg war ein Amerikaner aus New Hampshire von einem Briten aus dem Osten Londons kaltblütig ermordet worden.

Nimmt man allein die syrische Krise zum Maßstab, so sind die Schäden beträchtlich: Eine halbe Million Schwerverletzte, zweihunderttausend Vermisste, eingesperrte Kämpfer und Zivilisten werden gefoltert. Sie kehren sicherlich nie mehr zurück. Mindestens ein Drittel der Bevölkerung des Landes ist in Mitleidenschaft gezogen. Fast die Hälfte der Syrer musste ihr Zuhause verlassen. In Massen sammeln sich Flüchtlinge oder Vertriebene in unsicheren Lagern. Wie soll man die verschiedenen Bruchstücke der syrischen Gesellschaft nach einem solchen Ausbruch von Gewalt und Ausschreitungen wieder zusammenfügen?

Die irakische Gesellschaft wurde auf das Heftigste erschüttert. In den letzten 35 Jahren hat sie einen schrecklichen Krieg gegen den Iran erlebt, eine zerstörerische internationale Intervention, gefolgt von einem kriminellen Embargo, dann von einer neuen Invasion und den Qualen einer schlecht zu Ende geführten Besatzung. In der Regel lässt der wieder abrückende Eindringling die drängendsten Fragen unbewältigt zurück.

Der Abzug der letzten amerikanischen Truppen hat 2011 paradoxerweise für eine neue Periode der Instabilität unter der Fuchtel des sehr autoritären und fanatischen Premierministers Nuri al-Maliki gesorgt, so dass in weiten Teilen des Iraks die amerikanische Besatzung von einer noch heimtückischeren Art der Besatzung abgelöst wurde – einer ›Selbst-Besatzung‹, der Besatzung eines Landes durch seine eigenen Sicherheitskräfte. Es war ein seltsames Spektakel, diese irakischen Soldaten zu sehen, wie sie Straßensperren bewachen und dabei die Bevölkerung von oben herab mit Blicken mustern, wie sie die Haltung ihrer amerikanischen Vorgänger nachäffen.

Diskriminierung, Ausgrenzung, Parallelgesellschaften. Das ist die explosive Mischung des Islamischen Staates. Im Westen wird er zu einer Option für junge Leute in der Identitätskrise, die nach einer Möglichkeit suchen, ihrem Widerstand gegen die Ungerechtigkeit und Widersprüchlichkeit der Welt Ausdruck zu verleihen. In der Region Syrien-Irak findet er seine Anhänger innerhalb der Bevölkerung, die Gewalt und Hoffnungslosigkeit ausgesetzt ist. Die Schwäche der einzelnen

Staaten ist das Einfallstor für diese Gruppe, die dort ihren Nährboden findet.

Damit stellt uns diese Krise vor neue Herausforderungen. Sie zwingt uns zu einer globalen Antwort. Eine Reaktion, die sich einzig auf die Arbeit der Polizei, der Justiz und des Geheimdienstes stützte, wäre zum Scheitern verurteilt. Eine alleinige Militäroperation wäre es ebenfalls, mit welchen Mitteln auch immer ausgestattet. Denn abgesehen von der verborgenen Arbeit der Spezialeinheiten, ist der Einsatz von Bodentruppen ausgeschlossen, solange niemand sich daran beteiligen will. Wenn die Frustration junger Leute aus unseren Vorstädten sich mit der Wut der Einwohner des Euphrat-Tals verbindet, die von den Sicherheitskräften ihres eigenen Landes verfolgt werden, ist klar, dass alle öffentlichen Akteure zusammenarbeiten müssen. Die Diplomatie muss Druck ausüben, um einen politischen Umbruch in den betroffenen Hauptstädten zu erzwingen. Humanitäre Organisationen müssen handeln, denn es gibt keinen besseren Nährboden für Extremismus als die Hoffnungslosigkeit ganzer Bevölkerungen.

Zugegebenermaßen wird das eine schwierige Aufgabe. Mächte mit gegensätzlichen Interessen mischen in der Krise in Syrien und im Irak mit. Sie erhoffen sich die Stärkung ihrer Position. Eine Achse verbindet Moskau mit Teheran in dem geteilten Gefühl, es gehe dort um das eigene Überleben. Die Monarchien der Golfstaaten sehen dort eine Möglichkeit, dem Einfluss des »schiitischen Halbmonds« entgegenzuwirken und gleichzeitig die konservativen Kräfte des Arabischen Frühlings zu stärken. Die Türkei musste zunächst ihr diplomatisches Modell der guten Nachbarschaft zu Grabe tragen und versucht inzwischen die kurdischen Ansprüche im Keim zu ersticken und gleichzeitig den Zulauf der Dschihadisten in Schach zu halten, ohne dabei dem Umstand Rechnung zu tragen, dass die Menschen in der Region ihren neo-ottomanischen Imperialismus misstrauisch beobachten. Der Westen betrachtet die Krise wie so oft vor allem unter dem Gesichtspunkt der Sicherheit. Besonders besorgt zeigt er sich um die Sicherheit Israels. Der Westen bleibt verstrickt in Widersprüche, sobald er aufgefordert ist, zu den unumgänglichen Fragen nach den Menschenrechten und dem Schutz der zivilen Bevölkerung klar Stellung zu beziehen.

Diese Region der Welt ist die Wiege unserer Zivilisation. Im Zweistromtal zwischen den beiden Flüssen Euphrat und Tigris wurde die Schrift erfunden. Hier wurde sie erstmals für die Kulturtechniken Literatur, Rechnen, Recht und Handel genutzt. Hier wurde der Grundstein für Medizin und Philosophie gelegt. Hier haben die Menschen gelernt, gemeinschaftlich zusammenzuleben, um die Natur zu beherrschen. Hier wurde die Basis für das Staatswesen und die Verwaltung geschaffen.

Während der Monate meiner Gefangenschaft in den Kellern des Islamischen Staates ging ich in Gedanken immer wieder durch das Berliner Pergamonmuseum. Mit geschlossenen Augen stellte ich mir das Ishtar-Tor vor, die Fragmente des Gilgamesch-Epos, die Tafeln und kleinen Rollen mit den ältesten uns erhaltenen Schriftzeichen. Und das prächtige Aleppo-Zimmer! Ich erinnerte mich auch an meinen Besuch der Zikkurat von Ur im Süden des Iraks zwei Jahre zuvor oder an meine Reportage im Haus des Propheten Abraham, das von

Saddam Hussein recht ungeschickt rekonstruiert worden war. Ich war beseelt von diesen Erinnerungen an die sumerische, hethitische, babylonische, assyrische Kultur, aber auch an das abbasidische und das omejadische Kalifat, das ein deutlich aufgeklärteres war als dasjenige des schrecklichen »Kalifen Ibrahim«.

Welch eine gewaltige Diskrepanz zwischen der Unmenschlichkeit dessen, was ich erlebt habe, und dem Reichtum, den diese Kulturen in unserer gemeinsamen Geschichte hinterließen.

Aber wir sollten uns vergegenwärtigen, was die Dschihadisten vergessen haben, was selbst die Machthaber dieser Länder, in denen das Kulturerbe leichtfertig verwüstet wird, vergessen haben: Der Irak und Syrien sind die Wiege unserer Zivilisation. Es sind unsere Wurzeln, die durch den gegenwärtigen Konflikt zerstört werden. Wenn diese Weltgegend zusammenbricht, ist auch unsere Welt bedroht.

1. Umgang mit der Laizität

Das syrische Regime ist nicht laizistisch. Es ist auf Zersplitterung in rivalisierende religiöse Gemeinschaften gegründet. Sein angebliches Ziel, Minderheiten zu verteidigen, ist ein Mythos.

Syrien wird seit mehr als vier Jahrzehnten von einem autoritären Regime regiert, angeführt von einer Partei mit dem Namen ›Baath‹ (»Wiedergeburt«/»Erneuerung«) und der vielversprechenden Parole »Einheit, Freiheit, Sozialismus«. Diese sich als panarabisch revolutionär verstehende Bewegung wurde nach dem Zweiten Weltkrieg von einem Sunniten, Salah al-Din al-Bitar, einem Alawiten, Zaki al-Arzouzi, und einem Christen, Michel Aflak aus der Taufe gehoben. Die Bewegung entstand im Kontext der schmerzhaften Dekolonisierung aus Diskussionen über die Blockfreiheit des Südens mitten im Kalten Krieg. Sie hätte Syrien auf den Weg des Wohlstands für alle seine Einwohner führen können durch ihre erklärten Ziele einer selbstgenügsamen Wirtschaft, der Priorität von Bildung und Emanzipation der Frauen und durch die offene Ablehnung eines politischen Islam.

Nur hatte man die Rechnung ohne Hafez al-Assad und seinen Staatsstreich von 1970 gemacht. Er führte ein pyramidales Herrschaftssystem ein, das auf Befehlsgewalt und Treuepflicht basiert: An der Spitze stehen der Präsident und seine Familie, gefolgt von seinem Clan, auf einer untergeordneten Ebene von seiner Gemeinschaft der Alawiten, die seit der Kolonisierung als Zweig des Schiitentums gesehen werden, und ganz unten der Rest der Bevölkerung.

Auf Druck der Bevölkerungsmehrheit stellt das Regime seinen Laizismus in den Vordergrund und gibt sich als alleiniger Verteidiger von Minderheiten aus, eine Positionierung, die es wie einen Werbeslogan wiederholt. »Sollte das syrische Regime stürzen, würden die Minderheiten in dieser Region ausgelöscht«, ließ am 23. Mai 2011 einer seiner Wortführer, der französisch-libanesische Abgeordnete Nabil Nicolas, im Fernsehsender der Hisbollah, al-Manar, verlauten. Bouthaina Shaabane, Beraterin des Regimes in Kommunikationsfragen, versuchte gar die Idee zu verbreiten, es handle sich um ein Komplott gegen den Laizismus in der arabischen Welt. Sie vertrat die Ansicht, es gebe nur noch drei laizistische Länder in der Region, den Sudan, den Irak und Syrien. Dementsprechend bedauerte sie das Auseinanderbrechen des ersteren seit der Trennung des Südens, den Einmarsch in das zweite und die Aggression gegen das dritte. »Die westlichen Länder und ihre regionalen Verbündeten versuchen das laizistische Regime in Syrien zu zerstören«[2], ereiferte sie sich. Diese Art der Propaganda stößt auf offene Ohren – von der globalisierungsfeindlichen extremen Linken bis hin zur identitätsbewussten extremen Rechten, die sich zu einer widerlichen Koalition aus Antisemiten und Islamophoben zusammenfinden. Die der extremen Rechten zugeneigte Internetseite »Riposte laïque« (»Laizistische Gegenrede«) ließ es sich nicht entgehen, die Hirngespinste eines Hamdane Ammar zu veröffentlichen, der behauptet, »die Amerikaner wollen um jeden Preis die geostrategische Karte der Region neu gestalten. Nachdem sie bereits den Irak den Schiiten übergeben haben, versuchen sie heute Syrien in die Hände der Sunniten fallen zu lassen. Sie spielen ein gefährliches Spiel.«[3]

Diese Vermarktung des syrischen Regimes als Verteidiger der Christen wird sorgfältig in Szene gesetzt. Es gibt keinen Besuch von westlichen Wissenschaftlern, Parlamentariern oder Lobbyisten, auch keine Reportage, deren Aufmerksamkeit nicht sofort auf das christliche Milieu gelenkt wird, mit den immer gleichen Gesprächspartnern, willigen Idioten des Regimes, Geistlichen, die von der Regierung eines Staates ernannt wurden, der vorgibt, laizistisch zu sein.

Aus diesem Grund sind seit ihrem Amtsantritt die Beziehungen der Regierungspartei Baath zur sunnitischen Mehrheit angespannt. Die Muslimbruderschaft war praktisch die einzige Kraft, die vorgeben konnte, eine gewisse Opposition darzustellen. Sie fand sich sofort im Visier der Regierung. Die Bewegung wurde 1964 verboten. Streiks und Demonstrationen wurden in den Folgejahren von der Armee niedergeschlagen. Aber seit der Machtübernahme durch Hafiz al-Assad 1970 und vor allem seit der syrischen Invasion im Libanon 1976 entzündete sich der Konflikt. Die Konfrontation eskalierte. Es kam zu Attentaten und Morden auf der einen Seite, Verhaftungen und Folter auf der anderen Seite, bis schließlich eine fanatische Splittergruppe der Muslimbrüder 1979 die Artillerieschule von Aleppo angriff. 83 Kadetten, alles Alawiten, wurden dabei getötet. Die Rache des Regimes war verheerend. Ein regelrechter Bürgerkrieg brach aus, der weithin unbekannt blieb, weil es so gut wie keine mediale Berichterstattung geben konnte. Der Konflikt endete mit der Zerstörung der Stadt Hama 1982. Mehrere zehntausend Menschen fielen diesem Massaker zum Opfer. Tausende wurden in das mitten in der Wüste gelegene Gefängnis von Palmyra gebracht, das de facto ein Vernichtungslager wurde. Mit diesem Massaker, das kaum internationale Proteste hervorrief, erkaufte sich das Regime drei Jahrzehnte relativen sozialen Frieden zu einem teuren Preis. Man sollte nicht vergessen zu erwähnen, dass das syrische Regime eine nicht geringe Zahl christlicher Offiziere an die vorderste Front schickte, um die Stadt Hama anzugreifen. Auf machiavellistische Weise fesselte nun ein Blutspakt diese Glaubensgruppe an das Regime. Die Botschaft war klar: Sollten die Opfer eines Tages Rache nehmen, würden sie sich an euch genauso rächen wie an uns. Euer Schicksal hängt von nun an vom Überleben unseres Regimes ab.

Der Machtantritt von Baschar al-Assad nach dem Tod seines Vaters im Jahr 2000 ließ auf die Öffnung des Regimes und auf eine Entwicklung hin zu mehr Laizismus, gegründet auf religiöser Toleranz, hoffen. Die Beziehungen zur Opposition verbesserten sich weitgehend. Viele Gefangene der Muslimbruderschaft wurden freigelassen. Ihre Führung im Londoner Exil kündigte einen Politikwechsel an, lehnte Gewalt ab und rief dazu auf, einen modernen und demokratischen Staat zu gründen. Es zeigten sich Ansätze zu einer doppelten – politischen und wirtschaftlichen – Öffnung. Diskussionsforen entstanden. Diese Periode, »Damaszener Frühling« genannt, weckte große Hoffnungen. Aber dem Arabischen Frühling vor der Zeit folgte bald die Enttäuschung. Das Regime fiel in seine alten Fehler zurück und verschärfte die Sicherheitsmaßnahmen. Die Mehrzahl der Hoffnungsträger – Intellektuelle, Anwälte oder Abgeordnete der Opposition – wurden verhaftet und eingesperrt. Das Regime zeigte seine ihm eigene Unfähigkeit, sich zu reformieren.

Ayman Abdel-Nour, syrischer Oppositioneller, Journalist und ehemaliges Baath-Mitglied, kennt Baschar al-Assad gut.

Sie drückten gemeinsam die Universitätsbank und waren Freunde geblieben. Er begleitete ihn während seiner ersten Präsidentenjahre und ist somit bestens platziert für seine kritischen Beiträge, die er auf der von ihm gegründeten Internetseite All4Syria veröffentlicht, einer der wichtigsten Quellen für unabhängige Informationen aus Syrien. Aber seine Beziehungen zum Präsidentenpalast verschlechterten sich derart, dass er 2007 ins Exil gehen und in der Golfregion Zuflucht suchen musste. In einem Interview für »Souriya ala toul« beschreibt er den Schwindel, den Assad mit der Laizität betreibt: »Von Beginn an hat das Regime konfessionelle Töne angeschlagen, noch bevor überhaupt eine islamische Dimension ins Spiel kam. [...] Das Regime hat sich die größte Mühe gegeben, die Konfessionen auf allen Ebenen zu entzweien. Es setzte sich dafür ein, den Einfluss der einen zu verringern, indem es den anderen künstlich größere Bedeutung verlieh. So wurden die Leute von ihm abhängig und standen in seiner Schuld.«[4] Ayman Abdel-Nour selbst ist Christ.

Die Art und Weise, wie das syrische Regime ein Überlebenssystem errichtet hat, indem es hinter seiner laizistischen Fassade einen auf »Asabīya«[5] gegründeten Kommunitarismus in Stellung brachte, wurde von dem Soziologen Michel Seurat, einem feinen Beobachter dessen, was er als »Staat der Barbarei«[6] bezeichnete, hervorragend beschrieben. Diese Analyse kostete ihn 1986 das Leben, denn Damaskus hatte die Geiselnehmer der Hisbollah ausdrücklich gebeten, ihn nicht lebend aus der Geiselhaft zu entlassen. In jüngster Zeit hat sich auch der Politologe Zakaria Taha mit Assad Junior beschäftigt und in seiner Doktorarbeit versucht zu »verstehen, wie es dem Regime gelungen ist, sich den Anschein einer laizistischen Macht zu geben, dabei gleichzeitig die Glaubensgemeinschaften zu manipulieren und den Laizismus zu missbrauchen, um die eigene Macht zu legitimieren und zu sichern unter dem Vorwand, der Spaltung entgegenzuwirken und für die nationale Einheit einzutreten.«[7]

Alles eine Frage des Marketings, der Darstellung. Denn in der Praxis dient dieser syrische Laizismus als »Quelle der Rechtfertigung und des Einsatzes von Gewissenszensur, ideologischer Intoleranz bis hin zur Ablehnung des demokratischen Prinzips«[8], erinnert der Soziologe Burhan Ghalioun. »Die Karte der Laizität«, schlussfolgert Zakaria Taha, »ist die einzige Karte, die das Regime ausspielen kann, um sich den Minderheiten als Schutzmacht vor jeglichen Konflikten anzudienen.«[9]

»Das Regime benutzt den Laizismus als Instrument, als etwas, das es dem Westen anbieten kann«, bestätigt der aus Raqqa stammende syrische Intellektuelle Yassin al-Haj Saleh, ein militanter Kommunist der ersten Stunde. »Ich glaube, es hat viel Geld an Firmen für Öffentlichkeitsarbeit bezahlt, um seine vorgebliche Modernität groß herauszubringen. Man setzt vor allem auf das Image von Asma [al-Assad, Frau des syrischen Präsidenten], die schöne, in England ausgebildete First Lady. Aber letztendlich haben wir es mit zwei Arten von Faschisten zu tun: die Faschisten mit Krawatte an der Regierung und ihnen gegenüber die Faschisten mit den langen Bärten. Unser Kampf darf sich nicht darauf beschränken, zwischen diesen beiden faschistischen Spielarten Position zu beziehen.«[10]

In Wahrheit schürt das Regime absichtlich Ängste unter den Glaubensgemeinschaften. Angeblich sollen die Demonstranten bei Ausbruch der Revolution skandiert haben: »Die Christen nach Beirut, die Alawiten ins Grab!« Ich persönlich habe nie eine Bestätigung dafür gefunden, dass diese Worte tatsächlich gefallen sind. Aber viele haben an diese Bedrohung geglaubt. Es hat dazu beigetragen, dass sich die Spannungen zwischen den Glaubensgemeinschaften seit Beginn des Aufstands verstärkt haben. Das Regime ist sehr früh dazu übergegangen, vor allem in alawitische Dörfer an der Küste und in drusische Vororte von Damaskus Waffen zu liefern. Alarmierende Nachrichten von Bedrohungen durch sunnitische Nachbardörfer begleiteten die Lieferungen, allerdings waren sie frei erfunden. Dieser Machiavellismus überrascht Yassin al-Haj Saleh keineswegs. In einem scharfen Artikel mit der Überschrift »Die Mordindustrie in Syrien«[11] beschreibt er, welche Mittel Assad einsetzt, um eine Mauer der Angst zu errichten, der doppelten Angst, denn sie richtet sich sowohl auf das repressive System des Regimes als auch auf die Mitbürger. »Vor Ausbruch der Revolution wussten wir, das Regime beruht auf zwei strategischen Systemen von orwellschem Typus: der Komplex der Angst, dessen Funktion es ist, zu verhindern, dass Dinge beim Namen genannt werden, und der Komplex der Lüge, dessen Funktion es ist, den Dingen andere Namen zuzuweisen. Auf diese Weise war garantiert, dass die Einwohner Syriens von den Bedingungen des realen Lebens abgeschnitten waren und diese weder benennen noch beherrschen konnten.«

»Von Beginn an hat sich das Regime darauf konzentriert, Minderheiten zu unterstützen. Man gab ihnen die höchsten Posten in der Armee, im Geheimdienst. Zugleich muss man wissen, dass in Syrien zwischen der Position und der tatsächlichen Macht, die jemand ausüben kann, ein Unterschied besteht«, erklärt Ayman Abdel-Nour, der Gründer von All4Syria.[12] Seine Internetseite gibt zahlreichen Vertretern von syrischen Minderheiten eine Stimme, um die offizielle Version des Regimes zu entlarven.

Wenn also Baschar al-Assad es wagt, im russischen Fernsehen Russia Today sein Regime als »letzte Bastion des Laizismus« im Mittleren Osten darzustellen, antwortet der drusische Journalist Maher Charafeddin direkt auf dieser Internetseite. Seine Fragen sind zugleich Anklagepunkte:

»1. Warum sollte die Ausfälligkeit eines einfachen alawitischen Bürgers die Grundfesten deines Regimes erschüttern, jedenfalls mehr als die eines hochrangigen Offiziers irgendeiner anderen Konfession?

2. Warum eilen die Hisbollah und die Mehdi-Armee deinem laizistischen Regime zu Hilfe, obwohl sie zu denjenigen Organisationen zählen, die den Laizismus bekämpfen?

3. Warum hat die Absetzung des Premierministers [Riyad Hijab] keinerlei Reaktion auf der höchsten Regierungsebene deines Regimes ausgelöst, obwohl ein solches Ereignis anderswo die Regierung gestürzt hätte?

4. Warum wurden die Opfer des Anschlags auf das alawitische Stadtviertel Mazzah von 1986 innerhalb kürzester Zeit entschädigt, während Betroffene in anderen Stadtvierteln bis heute auf Entschädigung warten?

5. Warum nimmt dein laizistisches Regime den (alawitischen) Oppositionellen Abdel-Aziz Al Khayyer fest, obwohl seine Forderungen so bescheiden sind, dass er von

syrischen Oppositionellen in Kairo einst mit Eiern beworfen wurde?

6. Warum haben die Medien deines Regimes eine gezielte gemeinsame Verleumdungskampagne gegen die (alawitische) Schauspielerin Fadwa Souleyman in Gang gesetzt, obwohl es sich um eine pazifistische Künstlerin handelt, die unfähig wäre, eine Waffe zu bedienen, selbst wenn sie es wollte?

7. Warum hast du unmittelbar nach Beginn der Revolution einen christlichen Verteidigungsminister eingesetzt und die Medien diskret wissen lassen, welcher Glaubensgemeinschaft er angehört?

8. Warum konzentrieren sich die Medien deines laizistischen Regimes gezielt auf Attentate in Regionen, die von ›Minderheiten‹ bewohnt werden, und weniger auf die in anderen Gebieten?

9. Warum hat dein Regime keinen einzigen Demonstranten in Soueida und Salamiyeh getötet, wo vor allem Drusen und Ismaeliten leben, und warum hat es sich darauf beschränkt, den Oppositionellen Angst einzujagen und einige von ihnen einzusperren, während bei anderen Demonstrationen scharf geschossen wurde und Demonstranten reihenweise umkamen?

10. Warum sind es gerade die Stadtviertel, die von deinen Glaubensgenossen bewohnt werden, die bei der Zerstörung der Stadt Homs verschont blieben?

11. Warum ist das Regime von Nuri al-Maliki, der offen zugibt, ›zuerst Schiite und erst an zweiter Stelle Iraker‹ zu sein, ein entscheidender Verbündeter deines laizistischen Regimes geworden?

12. Warum sind 99,99 % derjenigen, die von deiner laizisti-
    schen Armee getötet wurden, Sunniten?
    Du kannst, wenn du willst, diese Fragen als ein Laizismus-
    und Intelligenztest betrachten.«

Ein guter Kenner des syrischen Islam, Thomas Pierret, Dozent
an der Universität Edinburgh, wundert sich seinerseits darüber, dass das Regime tatsächlich so wenig Wert auf seinen Laizismus legt. Assad benutzt den Terminus nur selten: In einem
Interview mit Charlie Rose für den amerikanischen Sender
PBS gab er an, dass es sein erklärtes Ziel sei, »die Gesellschaft
so säkular, wie sie es heute ist, zu erhalten«.

Der Kunstgriff des Präsidenten ist es, das Thema Laizismus denjenigen zu überlassen, die er für »unsichere Kandidaten mit wenig Glaubwürdigkeit« hält, wie den Großmufti
Ahmad Hassoun. Der Wissenschaftler Pierret interessiert sich
für die »Inszenierung des *Nicht-Laizismus* des Regimes«. »Als
Assad beispielsweise im November 2011 die Mitglieder der libanesischen Ulema (einer pro-iranischen Organisation von
Religionsgelehrten) empfing, brachte er öffentlich seine Reue
zum Ausdruck für seine anti-religiöse Politik in der Vergan-
genheit. Er unterstrich, dass die Regierung erst kürzlich einen
islamischen Satellitenfernsehsender, Nur al-Sham, eröffnet
hatte.« Pierret schlussfolgert daraus, dass »wenn sich das Regime als ›laizistisch‹ ausgibt, dann vor allem auf eine negative
Art und Weise, indem es religiöse Bezüge im Vergleich zu anderen Regimen der Region nur überaus sparsam einsetzt.«[13]

Die Zahl der Opfer ist ein aufschlussreicher Indikator für
die Lügen des Regimes mit Blick auf seinen vorgeblichen
»Schutz der Minderheiten«. Die heimlich aufgenommenen

Bilder eines gewissen »Cäsar« sind eine der wenigen Quellen für die Verbrechen des Regimes, die wir haben. Er selbst ist Angestellter der Militärpolizei in Damaskus und hält seine Identität geheim. Noch vor Beginn der Revolution war er damit beauftragt worden, Fotos von den Opfern zu machen, an deren Ermordung oder Unfall der Verteidigungsapparat beteiligt war. Er war über Jahre mit den getöteten Gefangenen konfrontiert, die während der Strafmaßnahmen in den beiden Militärkrankenhäusern von Damaskus, Tichrin und Mezzeh, gestorben sind. Die von ihm fotografierten Körper aus den 24 Sicherheitszentren des Bezirks Damaskus zeigten nahezu alle Spuren von Folter.

Mehr als zwei Jahre nach Beginn der Revolution gelang es ihm 55 000 Fotos herauszuschmuggeln, die das Schicksal von 11 000 Opfern dokumentieren. Zahlreiche Christen waren daran zu erkennen, dass sie nicht beschnitten waren und eine kreuzförmige Tätowierung trugen. Einige zeigten religiöse Merkmale, die auf Schiiten hindeuteten, andere hatten sich sogar den Namen oder das Gesicht von Baschar al-Assad auf ihren Körper tätowieren lassen.

Indem das Regime Angst und Schrecken in allen Glaubensgemeinschaften, in allen Schichten der Bevölkerung verbreitet, gelingt es ihm die Mauer der Angst aufrechtzuerhalten, die seit seiner Gründung zu seinem Fundament gehört. Ich erinnere mich an alawitische und christliche Revolutionäre, die ich ganz am Anfang der Rebellion in Latakia getroffen habe. »Wenn uns der Muchabarat, der gefürchtete Geheimdienst, in die Finger kriegt, sind wir verloren.« Das hatten sie mir anvertraut. »Sie haben es auf uns abgesehen. Wir sind Verräter an unserer Gemeinschaft für sie.«

So weit zum syrischen Laizismus. Die Revolutionsführer der ersten Stunde waren sich dessen bewusst, dass das Regime ihnen eine Falle stellte. Jede Woche stimmten sie im Internet über das neue Thema der Demonstration ab. So gab es den »Freitag der Würde«, den »Freitag der Märtyrer« oder den »Freitag der freien Frauen«. Sie hatten den Aktionstag in der Osterwoche »heiligen Freitag« genannt.

Das syrische System beabsichtigt in Wahrheit, seinen Minderheiten eine politische »Dhimma« aufzuzwingen. Traditionell ist die »Dhimma« in der islamischen Welt ein juristischer Status für Nichtgläubige, denen der muslimische Staat Schutz zusichert, für den sie im Gegenzug eine eigene Steuer entrichten müssen. In Syrien unter Assad sind die Minderheiten aufgefordert, zu schweigen und sich der Politik zu unterwerfen, um in Sicherheit leben zu können. Ayman Abdel-Nour beschreibt, dass »das Regime mit den Christen immer eine relativ krisenarme Beziehung unterhielt. Die Geistlichen verzichteten auf ihre politischen und wirtschaftlichen Rechte und erhielten im Gegenzug volles Recht auf die Ausübung ihrer Religion«[14]. Der Journalist Abdel-Nour, selbst ein Christ, ist der Meinung, dass »die christliche Geistlichkeit Syriens regelrecht vom Regime gekauft wurde. Die Kirchen werden kostenlos mit Wasser und Strom versorgt. Die Geistlichen sind vom Militärdienst befreit. Sie haben Anspruch auf zollfreie Autos, benötigen dafür aber eine Unterschrift des Präsidenten. Priester und Bischöfe müssen regelmäßig im Präsidentenpalast vorstellig werden, um mit tollen Autos fahren zu können, und sie beeilen sich, dieser Pflicht nachzukommen!

Bei jedem Großereignis sieht man neben den Regierungsvertretern auf dem offiziellen Foto einen Vertreter jeder Glaubensrichtung. Das Regime hat einen regelrechten Wettbewerb eröffnet, so dass sich die Vertreter der verschiedenen christlichen Kirchen untereinander darüber streiten, wer das Privileg genießt, mit auf dem Foto zu sein. Außerdem gab es direkte Korruption mit Geldzahlungen in bar. Ich habe keinerlei Respekt für die Geistlichkeit in Syrien!«

2. Die Entstehung der Dschihadisten

Das syrische Regime hat den Islamischen Staat hervorgebracht. Es bekämpft ihn nicht. Der Islamische Staat bekämpft das syrische Regime ebenso wenig.

Dem Regime in Damaskus kommt es auf einen Widerspruch mehr oder weniger nicht an, wenn es um das eigene Überleben geht. Im eigenen Land bekämpft es die Muslimbruderschaft hartnäckig. Aber man lässt sie nur allzu gern über die Grenze, wenn es gilt, die islamistischen Bewegungen in den Nachbarländern zu unterstützen: die Hamas (die auch keine Skrupel kennt, Assad zu beschützen) auf palästinensischem Gebiet und die Hisbollah im Libanon. Syrien hat aber vor allem zwei salafistische Dschihad-Bewegungen unterstützt und manipuliert: die Freiwilligen, die im Irak die amerikanische Militärpräsenz bekämpfen wollten, zumindest in den ersten Jahren der Besatzung, und dann die Fath al-Islam im Libanon.

Saddam Hussein hatte angesichts der Invasion im Winter 2002/03 an alle ihn unterstützende Moslems appelliert, an seiner Seite den Irak zu verteidigen und die Amerikaner zu bekämpfen. Entgegen jeder Logik kamen auf diese Einladung hin mehrere Hundert vor allem nach Bagdad. Der Irak unter Saddam Hussein, Vertreter der Baath-Partei, präsentierte sich ebenfalls laizistisch, wenngleich sich hinter seiner Fassade aus Laizismus ein ähnlich wie in Syrien entwickelter Kommunitarismus verbarg. In seinem Wunsch, die Pläne der Amerikaner zu torpedieren, überwand Assad seinen Widerwillen gegen

Saddam und entschloss sich, die Kämpfer sein Territorium überqueren zu lassen.

Dieser erste Strom von Dschihadisten in der syrisch-irakischen Zone setzte sich fort und verstärkte sich nach dem Einmarsch im März und April 2003. Es entstand auf der Karte eine »Dschihad-Autobahn«, die zu niemandes Verwunderung heute etwa den Umrissen der Einflusszone des Islamischen Staates entspricht.

Ich habe mehrere dieser Dschihadisten getroffen, als ich zwischen 2002 und 2004 Korrespondent in Bagdad war. Später sah ich Veteranen dieses Aufstandes, als ich über die syrische Revolution berichtete. Sie erzählten alle, etwa den gleichen Weg zurückgelegt zu haben. Als Sammelpunkt diente in den meisten Fällen ein an eine Moschee angegliedertes Gasthaus in Aleppo. Von dort aus fuhren sie mit dem Bus das Tal des Euphrat entlang, passierten die Städte Raqqa und Deir ez-Zor und stiegen nahe der Stadt al-Boukamal kurz vor der Grenze zum Irak aus. Dort wurden sie von Schleppern in Empfang genommen, die sie ohne große Schwierigkeiten über die irakische Grenze brachten. Sie kamen dann über al-Qa'im und Haditha bis nach Falludscha. Viele blieben in der westlichen Provinz al-Anbar. Diejenigen, die bis nach Bagdad weiterzogen, fanden meist in der Gegend von Abou Ghraib oder in Amariyah, einem Viertel im Westen Bagdads, Unterkunft.

Einer der Organisatoren dieser »Dschihad-Autobahn« war Scheich Mahmoud Abou Qaa Qaa, ein junger Imam aus Aleppo, der durch seine flammenden Predigten bekannt wurde, in denen er dazu aufrief, gegen die amerikanischen Invasoren zu den Waffen zu greifen. Er predigte nicht nur öffentlich, sondern nahm auch Kassetten und CDs auf, die man im Gepäck zahlreicher Dschihadisten fand. Der Scheich forderte außerdem, man solle in Syrien ein islamisches Regime einführen, das sich auf die Scharia stützt. Die Beobachter des politischen Lebens in Aleppo verfolgten aufmerksam, wie sich dieser Scheich vor allen Augen entwickelte. Er beherbergte bei sich Mudschahedin, die in den Irak aufbrachen. Sein Treiben rief keinerlei Reaktion vonseiten der Autoritäten hervor, obwohl die syrischen Geheimdienste eigentlich sehr schnell aufspüren und bestrafen, wer ihnen missfällt.

Es brauchte einige Zeit, um den Grund für diese Toleranz zu erkennen: Von denjenigen, die Abou Qaa Qaa rekrutierte, erreichten einige nie den Irak. Jedenfalls kam keiner von ihnen zurück. Der Hassprediger entpuppte sich als das, was die Geheimdienste »Honigtopf« nennen, ein gewöhnlicher Köder, der damit beauftragt war, Kandidaten für den Dschihad ausfindig zu machen und anzuleiten, um sie dann zu denunzieren. Sie zogen gebrandmarkt in den Irak. Einige kamen durch, andere kamen dort ums Leben, Hauptsache sie waren weg und kamen nicht zurück. Und wenn dabei einige Minderbemittelte radikalisiert wurden und die rote Linie zum Verbrechen überschritten, war das auch nicht schlimm. Der Imam wurde schließlich auf offener Straße erschossen, als er aus dem Freitagsgebet kam. Haben die Leute vom Muchabarat den Zeugen ausschalten wollen, weil die Finte langsam ruchbar wurde? Oder handelte es sich um die Rache eines Dschihadisten, der ihn für sein falsches Spiel bezahlen lassen wollte? Ich kenne niemanden, der mir darauf eine Antwort geben könnte. Aber es ist schon beunruhigend, vor dem Hintergrund der jüngsten Ereignisse noch einmal zu lesen, was Abou Qaa Qaa ein Jahr, bevor er ermordet wurde, in einem Interview mit einem amerikanischen Journalisten sagte: »Ja, ich wünsche mir einen Islamischen Staat in Syrien. Wir arbeiten daran. Wir rufen zu Einheit und Verständnis auf und die Regierung ist dem nicht abgeneigt. Wir wenden uns an die Regierung und arbeiten gemeinsam auf ein Ziel hin.«[15] Abou Qaa Qaa hatte den Auftrag, potentielle Dschihadisten ausfindig zu machen, sie in ihrem Gewaltpotential zu bestärken und sie dann zu denunzieren. Das Regime gewann damit gleich doppelt: Es konnte sich so dieser gewaltbereiten jungen Leute entledigen, sie daran hindern, in Syrien aktiv zu werden, und benutzte sie gleichzeitig zu politischen Zwecken, um den irakischen Nachbarn zu destabilisieren. Ähnliche, genauso unmoralische und aus sicherheitspolitischen Gesichtspunkten wirkungslose Überlegungen trifft man bei einigen unserer Mitbürger an, die es begrüßen, wenn junge Franzosen in den Dschihad ziehen, und ihnen bei ihrer Hidschra[16] ein widerliches »Die wären wir los!« mit auf den Weg geben.

Im Libanon hat das syrische Regime die Dschihadisten über die Fath al-Islam unterstützt. Dabei handelt es sich um eine Gruppe, die besonders im Flüchtlingslager Nahr al-Bared in der Region von Tripoli im Norden des Landes aktiv ist. Dort provozierte sie Kämpfe gegen die libanesische Armee während des Sommers 2007. Diese Kämpfe hatten das Lager in Schutt und Asche gelegt und den Tod von mehr als 200 Menschen, darunter 134 libanesischen Soldaten verursacht. Das Ziel? »Das Chaos im Libanon zu schüren, da das syrische Regime die Regierung unter Ministerpräsident Fouad Siniora als Unsicherheitsfaktor ansieht, und die sogenannte Zukunftsbewegung in ihrem wunden Punkt treffen, d. h. an der radikalen sunnitischen Basis«, erklärt der Islamwissenschaftler Thomas Pierret. »Anders als die Hisbollah, eine revolutionäre Partei, der es gelungen ist, die sunnitische Glaubensgemeinschaft zu mobilisieren und zu integrieren, indem sie – in Gilles Kepels Terminologie – das fromme Bürgertum und die arme Jugend zusammenbrachte, ist die Zukunftsbewegung eine Partei von Standespersonen, die mit Mühe und Not die arme sunnitische Basis per Klientelismus an sich bindet. Dadurch, dass Damaskus die Entstehung einer radikalen sunnitischen Bewegung unterstützte, die sich offen ablehnend gegen die pro-westlichen Optionen der Zukunftsbewegung zeigte (und zugleich auffallend schweigsam in Bezug auf deren Feinde, die Hisbollah, den Iran und Syrien, blieb), zwang es die Regierung Sinioras dazu, einen Teil seiner eigenen Bevölkerungsbasis zu bekämpfen. Die damalige Stellungnahme der Hisbollah in Bezug auf Fath al-Islam ist nicht zu vergleichen mit ihrer aktuellen ›Anti-Takfir‹-Rhetorik. Die Hisbollah sah mit Genugtuung ihre Feinde in Schwierigkeiten, bezeichnete das Eingreifen der Armee in ein palästinensisches Lager als Überschreiten der ›roten Linie‹ und verzichtete darauf, die Opfer aufseiten der Armee als ›Märtyrer‹ zu bezeichnen, wie es die anderen libanesische Medien taten.«[17]

Bereits zu Beginn der Revolution, als zu den Waffen gegriffen wurde und sich abzeichnete, dass es sich nicht um ein vorübergehendes Phänomen, sondern um eine tiefgreifende Krise handelte, die womöglich seinen Sturz provozieren könnte, begann das Regime damit, die demokratischen Kräfte in die Zange zu nehmen und die radikalen Kräfte zu favorisieren. »Bei Ausbruch der Revolution war ich eingeladen, eine Grabrede für einen Märtyrer zu halten«, erinnert sich der ehemalige Abgeordnete und Dissident Riad Seïf. »Ich warnte vor zwei Fallen, die uns Assad stellte: vor dem Griff zu den Waffen und vor dem Glaubenskrieg. Aber die Gefahr der al-Qaida-Armee sah ich nicht kommen!«[18]

Es handelt sich um ein klassisches Vorgehen nach altbekanntem Muster. Die Russen haben das Emporkommen der Islamisten innerhalb der tschetschenischen Banden unterstützt und damit ihre Zersplitterung bewirkt. Die Israelis haben lange Zeit die Hamas gewähren lassen, in der Hoffnung, damit die Palästinensische Befreiungsorganisation PLO zu schwächen. Selbst Hafiz al-Assad hatte die Islamisten rechts überholt und den quietistischen Salafisten, einer sehr konservativen, aber nicht dschihadistischen Gruppierung, erlaubt sich auszubreiten, damit diese dem Einfluss der Muslimbruderschaft entgegenwirkten.

Seit dem Sommer 2011 gibt es immer mehr Fälle von aus den syrischen Gefängnissen Entlassenen, von denen man annimmt, dass sie im Dschihad gewesen waren. Ihre Zahl übersteigt die Tausend. Ein großer Teil der radikalsten aktuellen Führer islamistischer Gruppierungen profitiert von dieser Amnestiemaßnahme. Abou Mohammed al-Golani, Chef der al-Nusra-Front, offizielles Sprachrohr der al-Qaida und Vorreiter des Islamischen Staates, soll ebenfalls zu den freigelassenen Gefangenen gehören. Aaron Lund, Verantwortlicher der Internetseite »Syria in Crisis«, ist der Auffassung, das Regime habe »sich geschickt angestellt, um aus der Revolution eine islamistische Revolution zu machen.« »Die Entlassungen aus dem Sednaya-Gefängnis (50 Kilometer nördlich von Damaskus), einem der wichtigsten politischen Gefängnisse im Zentrum des Landes, sind ein gutes Beispiel dafür. Assad hat ihnen die Haftstrafe erlassen, eine Maßnahme, die er als Teil einer

Generalamnestie präsentiert hat. Aber er hat weit mehr damit erreicht. Es gibt keine zufällige Großzügigkeit eines solchen Regimes.«[19]

Im Januar 2014 gab eine ehemalige Führungskraft des Militärgeheimdienstes, einer der vielen syrischen Geheimdienste, ein aufsehenerregendes Interview[20]: Dieser Informant, der nach zwölf Jahren seinen Dienst im Geheimdienstapparat quittiert hatte, enthüllte, dass »das Regime den Extremisten nicht nur die Türen der Gefängnisse geöffnet hat, sondern ihnen auch die Arbeit erleichtert, indem es ihnen ermöglicht, bewaffnete Brigaden zu bilden.«

Dieses Freilassungsprogramm, beaufsichtigt vom Direktorium für allgemeine Sicherheit, dauerte vier Monate, bis Oktober 2011. Die Auswahl der Gefangenen war sorgfältig geplant. Diejenigen, von denen bekannt war, dass sie sich für Menschenrechte und Demokratie engagierten, mussten weiterhin im Gefängnis ausharren. Diejenigen mit einem radikalen Profil wurden freigelassen. Einer der bekanntesten unter ihnen ist Zahran Alloush. Sofort nach seiner Freilassung gründete er die mächtigste Rebellengruppe in der Region Damaskus. Er tut sich durch anti-schiitische Hetzreden hervor.

»Das Regime wollte aller Welt glauben machen, es bekämpfe al-Qaida, dabei war die Revolution anfangs pazifistisch. Das Regime musste also die Legende einer bewaffneten islamistischen Rebellion erfinden«, setzte der ehemalige Geheimdienstagent seine in *The Telegraph* zitierten Überlegungen fort. »Es gab starke islamische Tendenzen unter den Aufständischen, deshalb war es auch nicht schwer, diese zu fördern […]. Sie lassen einfach gezielt einige Personen frei und sie erzeugen damit Gewalt, die sich ausbreitet wie eine ansteckende Krankheit.«

Generalmajor Fayez Dwairi, Offizier der jordanischen Armee mit dem Auftrag, die Verbreitung des Dschihad auf haschemitischem Gebiet zu bekämpfen, bestätigt diese Version: »Viele Gründungsmitglieder der al-Nusra-Front waren 2008 vom Regime festgenommen worden und hatten seitdem im Gefängnis gesessen. Als die Revolution ausbrach, waren sie freigelassen worden auf Befehl von Geheimdienstoffizieren, die Assad versicherten: Sie werden uns gute Dienste leisten. Es hat gewiss viele Nachteile, sie freizulassen, aber die Vorteile überwiegen, weil sie der Welt vor Augen führen werden, dass wir uns im Kampf gegen den islamistischen Terror befinden.«[21]

Hinzu kommt die Tatsache, dass dschihadistische Gruppen in Syrien, besonders der Islamische Staat, von den Geheimdiensten des Regimes infiltriert sind, erinnert beispielsweise der amerikanische Wissenschaftler Joshua Landis. So ist auch das Eingeständnis von Abdullah Abu Moussab al-Souri, dem Handlanger von Abu Omar al-Schischani, zu verstehen: »Zugegeben, der Islamische Staat war weitgehend vom syrischen Regime unterwandert. Das hat zur Schwächung seiner Position und zur Gefährdung seiner Sicherheit beigetragen.«[22]

Für Damaskus lagen die politischen Vorteile auf der Hand. Die Situation ermöglichte es, die westliche Öffentlichkeit in ihrer Mehrheitsmeinung zu beeinflussen. Es handelte sich nicht mehr um eine legitime Revolution, sondern um einen Krieg gegen den Terrorismus, dem fanatischen und sektiererischen Feind im Inneren. Im schlimmsten Fall, sollte das Regime kurz vor dem Sturz stehen, könnte man immer noch vor der Weltöffentlichkeit behaupten, das syrische Regime sei »das kleinere Übel« im Vergleich zum Islamischen Staat. Die Assads dieser Welt haben sich immer mit großer Überzeugungskraft der Devise »Ich oder das Chaos« bedient. Das Schreckensszenario ist von furchterregender Wirksamkeit.

Aus diesem Grund wird das Regime die Dschihadisten nie direkt bekämpfen, sondern seine Militäroperationen auf diejenigen konzentrieren, die seiner Meinung nach die größere Gefahr darstellen, weil sie legitimerweise für sich in Anspruch nehmen können, eine politische Alternative zu verkörpern: die Gemäßigten. Die Kräfte der Freien Syrischen Armee (FSA) und der islamistischen Brigaden, die demokratische Prinzipien anerkennen, standen oft ganz allein in vorderster Front gegen die syrische Armee. Schlimmer noch, sie fanden sich oft zwischen den Fronten: die Regierungstruppen auf der einen Seite und die des Islamischen Staates auf der anderen.

Das ist der zweite Vorteil davon, dass der Islamische Staat seit dem Sommer 2014 sein Territorium vergrößert. Überall dort, wo seine Kämpfer voranschreiten, verdrängen sie die gemäßigten Gruppen und vertreiben diese aus den von ihnen hart erkämpften Gebieten. Die dschihadistischen Gruppen verhalten sich etwa so wie ein Kuckuck: Sie vergreifen sich am »Nest«, das die Revolutionäre mühevoll erobert hatten. So gut wie alle Gebiete, die heute vom Islamischen Staat beherrscht werden, waren ursprünglich von anderen Gruppen erobert worden. Der Islamische Staat begnügte sich meist damit, den Gewinn einzustreichen, nachdem andere eine Region befreit hatten.

Das Ergebnis dieser Strategie: Der Islamische Staat hat sich so gut wie nie direkt dem Regime entgegengestellt. Wer den Widerspruch vom Tisch wischen will, nimmt sich die Liste mit Ausnahmen vor. Der Islamische Staat hat sehr wohl die Konfrontation mit der syrischen Armee gesucht, beispielsweise bei der Eroberung der Militärflugbasis Mannagh, der Basis der Division 17 in Raqqa und des benachbarten Militärflughafens. Er hat sich auch an weniger wichtigen Kämpfen im Qalamoun-Gebirge, in den Regionen Aleppo, Latakia und Qamischli beteiligt. Aber hier endet die Liste! Sie zeigt vor allem, dass die Männer des Anführers Abu Bakr al-Baghdadi seit der Gründung der Bewegung kaum versucht haben, gegen das Regime zu kämpfen. Ihre Attacken richten sich hauptsächlich gegen die Revolutionäre und gegen die Kurden, mit denen der Islamische Staat in territorialer Konkurrenz steht.

Als ich im Juni 2013, einige Wochen nachdem die Dschihadisten die Kontrolle der Stadt übernommen hatten, in Raqqa war, wunderte ich mich sehr darüber, dass das Regime fast täglich Fässer mit TNT über von Zivilisten bewohnten Gebieten abwarf und damit erhebliche Schäden verursachte, während das Hauptquartier der Dschihadisten, ein massives Gebäude der Provinzialverwaltung mitten im Stadtzentrum, unberührt blieb. Erst mehr als ein Jahr später wurde es bombardiert ... nicht vom syrischen Regime, sondern von den amerikanischen Streitkräften!

Unter diesen Umständen wundert es nicht, dass der Islamische Staat bei anderen syrischen Rebellengruppen so unbeliebt ist und konfliktreiche Beziehungen zur al-Nusra-Front und zur Ahrar-al-Sham-Brigade unterhält. Die Beschuldigung, ein Verräter zu sein und mit dem Regime gemeinsame Sache zu machen, ist einer der Hauptkritikpunkte, denen der Islamische Staat ausgesetzt ist. Deshalb wird er kritisiert und weniger aufgrund seiner extremistischen Positionen oder wegen seines gewalttätigen Vorgehens.

Ende 2013 waren es die gemäßigten Gruppen leid, Gebiete an den Islamischen Staat zu verlieren, und sie versuchten verzweifelt, den Grenzort Azaz im Nordwesten des Landes zu erobern. Die Kontrolle der Grenzen ist natürlich ein wichtiges Ziel der aufständischen Gruppen. So kommen sie an Schmuggelgut und besonders an Waffen. Grenzen sind zudem eine wichtige Einnahmequelle, denn die bewaffneten Gruppen, die sie bewachen, erheben Steuern auf den Transit von Handelsgütern.[23]

Gleich zu Beginn des Jahres 2014 bildete sich eine Koalition, hauptsächlich um die »Islamische Front« und die Brigade »Sturm des Nordens«, um den Islamischen Staat aus seinen Bastionen im Nordwesten zu vertreiben. Die Dschihadisten wurden aus den Städten Atareb und al-Dana vertrieben. Der Offensive folgte allerdings ein sehr erfolgreicher Gegenschlag der Dschihadisten. Dabei waren die Truppen des Islamischen Staates zahlenmäßig den moderaten Brigaden unterlegen, die zudem aus mehreren Ländern, besonders aus den USA, der Türkei und der Golfregion, Unterstützung erhielten.

Der Islamexperte Romain Caillet, der für das französische Nahostinstitut in Beirut die Ereignisse in Syrien verfolgt und erforscht, führt den Erfolg des Islamischen Staates auf seine innere Einheit, sowohl auf der Ebene der Ideologie als auch auf der Ebene der Führung, zurück, während die Rebellengruppen zersplittert sind: »Diese Einheit [des Islamischen Staates] garantiert eine Organisation und eine Disziplin unter den Kämpfern, im Unterschied zur Freien Syrischen Armee, in deren Reihen sowohl Deserteure der Armee als auch mafiöse Banden zu finden sind, und auch im Unterschied zur Islamischen Front, die zwischen gemäßigten Islamisten und Salafisten gespalten ist. Selbst die al-Nusra-Front zeichnet sich nicht durch eine ähnliche Homogenität aus.«[24] Hinzu kommt, dass sich der Islamische Staat entscheidende Unterstützung durch eine gewisse Zahl von Stammeszusammenschlüsse sichern konnte.

Trotz einiger Erfolge im Nordwesten (der Kampf um die Stadt Idlib und die Eroberung des Westens von Aleppo) blieb die Januaroffensive im Großen und Ganzen ein Misserfolg: Der Islamische Staat eroberte insbesondere den Osten von Aleppo, Raqqa und Deir ez-Zor. Die Lehre, die wir daraus ziehen können, bleibt unwiderruflich: Die gemäßigten Gruppen haben ihre Fähigkeit unter Beweis gestellt, dem Islamischen Staat zu trotzen. Sie sind die einzigen, die es mit ihm aufnehmen können.

Im Sommer, während der Westen mit Luftangriffen gegen den Islamischen Staat begann, setzte eine neue Welle der Säuberungen gegen die Gemäßigten ein. Am 9. September 2014 verlor die salafistische Gruppe Ahrar al-Sham ihre Führungsriege. Ungefähr 50 Mitglieder ihrer politischen und militärischen Führung, die sich in einem unterirdischen Versteck in der Region von Idlib aufhielten, kamen bei einer Explosion ums Leben, von der man nicht weiß, ob sie die Handschrift des Islamischen Staates oder des Regimes trägt.

Im Oktober und November traf es in den Provinzen von Idlib, Aleppo und Jebel Zawia Schlag auf Schlag die anderen Gruppen, die vom Westen unterstützt wurden. Die revolutionäre Front, einer der Ableger der Freien Syrischen Armee, und die laizistische Bewegung Hazem wurden aus ihren Hochburgen im Nordwesten durch die al-Nusra-Front vertrieben, die eine strategische Positionierung sucht. Die dschihadistische Gruppe, von al-Qaida unterstützt, erfreut sich in den sunnitischen Gebieten einer nicht unerheblichen Beliebtheit, die aus ihrem erfolgreichen Kampf gegen das Regime resultiert. In den von ihr kontrollierten Gebieten ist die Bevölkerung zufrieden, dass sie nicht im selben Ausmaß wie andere Gruppen, einschließlich der Milizen des Regimes, plündert. Und zudem haben die Sunniten die Tendenz zu glauben, die al-Nusra-Front würde sie wirksam gegen die Übergriffe des Regimes schützen.

Im letzten Jahr erschien schließlich Abu Muhammed al-Golani[25] auf der Bildfläche, der nach Anerkennung strebt und sich mit der Forderung vor allem an die Vereinten Nationen wandte, seine Bewegung von der Liste der Terrororganisationen zu streichen. Eine Geste, die für ihn möglicherweise der Anlass gewesen wäre, sich von al-Qaida abzuwenden. Aber die Forderung stieß bei den Großmächten von vornherein auf wenig Interesse.

Vielmehr erliegt umgekehrt der Westen regelmäßig der Versuchung, im Namen des Kampfes gegen den Terrorismus wieder Gespräche mit dem syrischen Regime aufzunehmen. *Le Monde* beschrieb in allen Einzelheiten, wie Ende des ersten Quartals 2014 »die französischen Geheimdienste wieder mit Damaskus anbändeln wollten«[26]. Es handelte sich tatsächlich um eine Initiative des DGSI (Generaldirektion der inneren Sicherheit, Inlandsgeheimdienst), die anscheinend ohne große Abstimmung mit dem Élysée oder dem Quai d'Orsay in die Wege geleitet worden war und von den »Cousins« des DGSI (der Generaldirektion für äußere Sicherheit) recht argwöhnisch beobachtet wurde. Ziel der Initiative war es, die technische Polizeikooperation mit dem syrischen Geheimdienst (Muchabarat) wieder aufzunehmen, um französische Dschihadisten ausfindig zu machen, die sich auf syrischem Boden aufhielten und womöglich die Absicht hatten, Attentate zu verüben. Die syrischen Dienste fühlten sich von dieser Kontaktaufnahme eher geschmeichelt, so berichtete es *Le Monde*, stellten aber Bedingungen: Die französische Botschaft in Damaskus – seit dem 6. März 2012 geschlossen, weil Frankreich die Regierung von Baschar al-Assad nicht mehr als legitim ansah – solle wieder geöffnet werden. »Der DGSI verfügt über erhebliche technische und personelle Mittel, um die Aktivitäten und Kommunikationen möglicher Kandidaten für den Dschihad in Syrien auf französischem Boden zu überwachen, doch es fehlt ihm ein entscheidendes Bindeglied: ihre Aktivitäten und Bewegungen in Syrien. Der abrupte Kontaktabbruch zwischen Paris und Damaskus hatte die syrischen Informationsquellen seit zwei Jahren versiegen lassen. Dem DGSI waren als wichtig eingestufte Elemente entgangen«, schreibt der Journalist Jacques Follorou. Eine der treibenden Kräfte (und wahrscheinlich auch Urheber) der Annäherung war der ehemalige Chef der DGSI-Vorgängerorganisation DCRI, Bernard Squarcini, ein »begnadeter Polizist«, der Sicherheitsnetzwerke in Damaskus unterhielt, die besonders in der Hochphase des Dschihad im Irak aktiviert gewesen waren, und der weiterhin unter dem Einfluss der Verlautbarungen des Regimes stand.

Eine Zusammenarbeit mit den syrischen Sicherheitskräften, die seit Beginn der Revolution Massenmorde zu verantworten haben, wäre nicht nur unmoralisch, man darf auch nicht vergessen, dass dies völlig kontraproduktiv wäre. Baschar al-Assad ist der am wenigsten geeignete Kandidat, um gegen den Islamischen Staat zu kämpfen. Seine Geheimdienste sind erstaunlich uninformiert, wenn es um die Dschihadisten geht, die sein Territorium überrollen. Da sie illegal ins Land kommen, ist es unmöglich, an der Grenze ihre Visa mit Registern oder mit Polizeiinformationen abzugleichen. Selbst das elektronische Abhören (ihrer Kommunikation über Telefon und Internet) ist nur eingeschränkt möglich. Denn in den »befreiten« Gebieten Syriens hat man sich weitgehend von den syrischen Kommunikationsnetzen unabhängig gemacht, die ohnehin vom Regime gekappt oder von Kämpfen zerstört wurden. Man kommuniziert praktisch ausschließlich über das Internet per Satellit, worauf der Muchabarat kaum Zugriff hat, jedenfalls deutlich weniger als die großen westlichen Geheimdienste. Nur die von der syrischen Regierung ins Zentrum des Islamischen Staates eingeschleusten Agenten könnten hilfreich sein. Aber ihr Beitrag bleibt marginal. Wahrscheinlich erfährt man deutlich mehr über den Islamischen Staat, indem man aufmerksam die Texte und Dokumente der europäischen Dschihadisten verfolgt, die sie in den sozialen Netzwerken posten, als wenn man eine riskante Aktion mit eingeschleusten Agenten startete!

Würde man das Regime darum bitten, uns beim Kampf gegen den Islamischen Staat behilflich zu sein, bekäme man »nicht viel Hilfreiches, aber jede Menge Probleme«[27], gibt Thomas Pierret in ironischem Ton zu bedenken. »Jedenfalls sind die ausschließlich militärischen Vorteile einer Allianz mit Assad völlig unerheblich im Vergleich zu den politischen

Nachteilen einer solchen Strategie. Assad zu unterstützen und die Rebellen im Stich zu lassen, bedeutet, den Islamischen Staat zur einzig glaubwürdigen Opposition gegen das Regime zu machen und ihm eine beträchtliche Anzahl von Sunniten, selbst unter den Gemäßigten, in die Arme zu treiben. Genau das hat sich in den letzten Jahren im Irak abgespielt, mit dem Unterschied, dass die Sunniten dort nur 20 bis 25 Prozent der Bevölkerung ausmachen. Es ist absurd zu glauben, Assad würde eine dauerhafte Allianz mit verlässlichen sunnitischen Kräften eingehen: Erstens, weil die politische Integrationskraft seines Regimes nicht vorhanden ist und weil es zweitens, anders als die irakische Regierung, nicht über signifikante Einkünfte aus Erdölgeschäften verfügt, um sich die Loyalität der sunnitischen Rebellen zu erkaufen.«

Und schließlich sollte man sich vor Baschar al-Assads Versprechungen, uns im Kampf gegen den Islamischen Staat »zu helfen«, auch deshalb in Acht nehmen, weil man nicht vergessen darf, dass er kein Interesse an dessen Verschwinden haben kann, würde dies doch zugleich das Ende einer sehr nützlichen Drohkulisse bedeuten. Das Regime hat in der Auseinandersetzung um chemische Waffen gezeigt, welche Strategie es verfolgt: Aufschieben, Zeit gewinnen, Ablenkungsmanöver starten. Letztendlich enthüllen seine Aktionen nichts anderes als seine Lügen.

3. Der Einfluss des Geldes

*Man sollte die wirtschaftlichen und sozialen
Wurzeln der Revolution nicht außer Acht lassen.
Das Regime und die bewaffneten Gruppen
kämpfen um die Kontrolle des Reichtums.*

Seit dem Staatsstreich von 1963, der die Baath-Partei an die Macht gebracht hat, ist Syrien ein sozialistisch geprägtes Land. Die wirtschaftliche Doktrin hat sich freilich mit der Zeit weiterentwickelt und die verschiedenen Parteien, die in den aktuellen Konflikt verstrickt sind, haben sie zu ihrem eigenen Nutzen umgelenkt. Der Krieg nährt sich daraus und hält sich damit selbst in Gang.

»Seit Anfang der 1960er Jahre hat die sozialistische Politik in Syrien gut funktioniert. Es wurden Schulen, Raffinerien und Staudämme gebaut ...«[28], erzählt der Wirtschaftsexperte Dschihad Yazigi, der mehrere Wirtschaftsjournale herausgibt, darunter den renommierten »The Syria Report« (syria-report. com). Über lange Zeit hatte das Regime seinem Ideal treu bleiben und in die Entwicklung des Landes investieren können. Erst die Entdeckung des Erdöls Anfang der 1980er Jahre ließ den Entwicklungsprozess entgleisen. Der Fluch des schwarzen Goldes und seine Verheißung des schnellen Geldes brachten plötzlich die Gier hervor. Von diesem Moment an verlangten hochrangige Offiziere eine finanzielle Vergütung für ihre Loyalität gegenüber dem Präsidenten. Außerdem wurden zu diesem Zeitpunkt die Investitionen in die Entwicklung zurückgefahren. »Warum sollten wir weiter investieren, haben sie sich gefragt und sind davon ausgegangen, dass das Erdöl alles bezahlen könnte. Reformen und Liberalisierungen wurden zur gleichen Zeit gestoppt wie die Investitionen«, erklärt Dschihad Yazigi.

In den 1990er Jahren bricht die Krise aus. Die Einnahmen aus dem Erdöl fallen aus zwei Gründen ins Bodenlose. Zum einen, weil die Erdölvorhaben ausgeschöpft sind, und zum anderen, weil der Erdölpreis stark einbricht, während die Bevölkerungszahl stetig steigt. Bei seiner Machtübernahme im Juli 2000 waren Assad die Hände gebunden. Er sah sich gezwungen, wirtschaftliche Öffnung und Privatisierung zu akzeptieren. Von dieser Wirtschaftspolitik profitierte eine neue Elite und eine neue Erbengeneration entstand: Zu nennen wären hier beispielsweise Samer Douba, Sohn von Ali, dem ehemaligen Chef des Militärgeheimdienstes, und Rami Machluf, Sohn von Mohammed, einem Geschäftsmann, der heute im Exil in Moskau lebt und wohin er angesichts der zu befürchtenden Sanktionen auch sein Vermögen in Sicherheit zu bringen sucht. Zu nennen wäre auch Firas Tlass, Sohn des ehemaligen Verteidigungsministers Mustapha Tlass, der inzwischen zur Opposition übergetreten ist.

Der Dissident und Journalist Ayman Abdel-Nour, ehemaliger Studienfreund von Baschar al-Assad, ist unerbittlich, wenn es darum geht, die Methode zu beschreiben, die der junge Präsident eingeführt hat: »Das wirtschaftliche System insgesamt war darauf angelegt, der Oligarchie zu dienen. Hafiz al-Assad selbst ließ die Sunniten in Damaskus und Aleppo wenigstens ein Minimum daran teilhaben, um eine gewisse Stabilität zu gewährleisten. Baschar dagegen lehnt es ab, auch nur das Geringste zu teilen. Er hat das System so eingerichtet, dass alles allein seiner Familie zugutekommt. So reformierte er beispielsweise das Bankensystem erst, als sichergestellt war, dass es auch innerhalb der familiären Strukturen blieb. Er will ganz Syrien kontrollieren und behandelt das Land so, als sei es sein Haus.«[29]

Das »Haus der Assads« verwandelte sich rasch in »Assad Inc.«. Das »Familienunternehmen« versammelte sich im Winter 2005, kurz nach dem 10. Parteitag, in einem großen Hotel der antiken römischen Oasenstadt Palmyra. Draußen zeichneten die Säulengänge eine Traumkulisse. Unter dem goldenen Dekor des Palastes konzentrierten sich dem Regime nahestehende Geschäftsmänner darauf, nicht mehr und nicht weniger als den gesamten Reichtum des Landes untereinander aufzuteilen. Aus diesem »Jalta der Privatisierungen« gingen zwei Holdings – die Cham-Gruppe, geleitet vom Cousin des Präsidenten, Rami Machluf, und die Souria-Gruppe – hervor. Seitdem teilten sich diese beiden Unternehmensgruppen sowohl die Staatsbeteiligungen als auch die öffentlichen Aufträge. Der Architekt dieser wirtschaftlichen Neuorganisation war kein Wirtschaftsberater. Es war auch nicht Abdullah Dardari, der Baschar nahesteht, in Europa studiert hat und fließend Englisch und Französisch spricht. Dardari war stellvertretender Ministerpräsident und mit dem Wirtschaftsressort betraut, bevor er Vertreter des Entwicklungsprogramms der Vereinten Nationen in Damaskus wurde. Nein, Baschar gab sich nicht einmal die Mühe, eines seiner polyglotten, zivilisierten und telegenen Aushängeschilder damit zu beauftragen. Es ging viel prosaischer zu. General Bahjat Suleiman, der im Juni desselben Jahres aus der Abteilung Inland des Geheimdienstes ausgeschieden war, nahm die Reform selbst in die Hände. Da die Wirtschaft für die nationale Sicherheit von elementarer Bedeutung ist, sollten die Sicherheitsagenten Kontrolle über die Ressourcen erhalten. Die Regierungszeit Baschars bis zum Ausbruch der Revolution war also nichts anderes als ein betrügerisches Spiel. Auf der einen Seite inszenierte das Regime seine Reformen und Privatisierungen. Abdullah Dardari war damit beauftragt, den Medien, Diplomaten und Expertenkommissionen die Fassade einer blühenden Wirtschaft vorzuspielen, während hinter den Kulissen mit falschen Karten gespielt wurde. Konkurrenz war unmöglich. Die der Macht nahestehenden Oligarchen, Mitglieder der Familie oder des Sicherheitsapparats, hatten sich bereits die besten Stücke unter den Nagel gerissen. Das Regime setzte auf Korruption und Verarmung.

»In Syrien gab es keine Privatisierung im westlichen Sinne. Es wurden keine öffentlichen Vermögenswerte verkauft«, erklärt Dschihad Yazigi. »Es handelte sich lediglich um die Öffnung einiger Sektoren. Der Präzedenzfall war die Telekommunikationsbranche. Es waren zwei Lizenzen im Spiel, beide natürlich sehr rentabel, aber die Vergabe erfolgte nicht über eine tatsächliche öffentliche Ausschreibung. Letztendlich wurde die eine Lizenz an Machluf vergeben, die andere an [Nadschib] Miqati.«

Wenn es jemanden gibt, dem der Kampf gegen das System besonders teuer zu stehen kam, so ist das Raid Seïf, ein besonnener Unternehmer, Franchisenehmer der Marke Adidas in Syrien, und seit 1994 Abgeordneter ohne Parteizugehörigkeit: »Seitdem ich gewählt wurde, lag mir der Kampf gegen die Korruption immer sehr am Herzen. Das hat mich einiges gekostet. 1996 haben sie mir meinen Sohn genommen. Er wurde ermordet. 1999 haben sie meinen Bankrott organisiert.«[30]

2001 veröffentlichte Seïf einen Bericht, in dem er Beweise dafür lieferte, dass die Vergabe der Mobiltelefonlizenzen ohne echte Konkurrenz erfolgte und dass die Verträge so formuliert sind, dass die Lizenzinhaber den Markt wie eine Milchkuh melken können. Das Regime verurteilte ihn, vordergründig wegen seiner politischen Aktivitäten und der Organisation eines Diskussionsforums in seinem Haus, zu fünf Jahren Gefängnis. Kaum wieder in Freiheit, setzte er sich an die Spitze der Damaszener Erklärung, einem Manifest für politische Öffnung. Ende 2007 wurde er erneut verhaftet, dieses Mal für zweieinhalb Jahre. »Das Regime ist nicht fähig sich zu reformieren«, schlussfolgert er bitter. »Es handelt sich nicht nur um eine Diktatur, sondern in erster Linie um eine Familienoligarchie. Baschar ist davon überzeugt, Syrien sei sein Privatbesitz. Und seit Beginn der Revolution hat er gezeigt, dass er Syrien lieber zerstört, als es zu verlieren.«

»Auf höchstem Niveau entscheiden ausschließlich Baschar al-Assad und Rami Machluf. Auf nachgeordneter Ebene müssen die Geschäftsmänner Schutz von den Verantwortlichen der Geheimdienste erkaufen«, erläutert Ayman Abdel-Nour. »Es gibt eine Schirmherrschaft der Geheimdienste. Wenn du ein Hotel eröffnest, musst du den Zuständigen vom Muchabarat schmieren, andernfalls setzt er einen Freund im Tourismusministerium auf dich an, der einen Bericht verfasst, in dem es heißt, du würdest verdorbene Lebensmittel verkaufen, und sie schließen dir dein Hotel so lange, bis du zahlst«[31], beschreibt Dschihad Yazigi ein konkretes Bespiel.

Bei dieser »Öffnung« unter engmaschiger Kontrolle durch den Machtapparat konzentrieren sich die Eliten auf die Städte und vernachlässigen die ländlichen Gebiete. Die syrische Landwirtschaft litt mehrere Jahre in Folge unter Trockenheit und fuhr kümmerliche Ernten ein. Die ländliche Bevölkerung Syriens – an den Rand gedrängt und verarmt – wurde zur ersten Oppositionsgruppe. Für Kenner des Landes war es keine Überraschung, dass die Revolution von Darʿā ausging, obwohl diese Ortschaft im Süden Syriens bis dahin eine Hochburg der Baath-Partei war. Die Revolution wurzelt in zum Großteil wirtschaftlichen Problemen. Die Geographie der revolutionären Erhebung ist sehr aufschlussreich und zeigt Ursachen auf, die über einfache und allzu bekannte Erklärungsansätze wie die Kluft zwischen verschiedenen Gemeinschaften hinausgeht. Die Revolution ist in erster Linie den ökonomischen und sozialen Trennlinien geschuldet und nicht in erster Linie Konflikten zwischen Sunniten und Schiiten. Menschen in ländlichen Gebieten haben zuerst aufbegehrt. Im Gegensatz dazu blieb der Souk von Aleppo, obwohl fast ausschließlich sunnitisch, lange Zeit dem Regime gewogen.

Auch der libanesische Politologe Ziad Majed zögert nicht, eine marxistisch inspirierte Lesart für die Wurzeln der syrischen Revolution anzubieten. »In der syrischen Revolution geht es um eine Klassenfrage. Abgesehen von den Studenten, Intellektuellen und Aktivisten, die in den ersten Monaten eine wichtige Rolle spielten, betraf diese Revolution vor allem die Armen, die Landbevölkerung, die handfesten Leute, für die die neue syrische Bourgeoisie keine große Sympathie hegt. Sie zieht es vor, sich mit dem ›verwestlichten‹ Erscheinungsbild des Regimes zu identifizieren, das darüber hinaus seine Interessen und ›Geschäfte‹ schützt. Es geht um sozialen Rassismus. Man will nur diejenigen sehen, die einem ›ähnlich‹ sind.

Man schließt sich in eine Blase ein und verachtet die Arbeiter, die Gemüseverkäufer, die Putzfrauen und alle, die sie unterstützen.«[32] Aus diesem Grund hatte die Revolte der Syrer zumindest am Anfang Ähnlichkeiten mit der Pariser Kommune: romantisch, kollektivistisch und libertär. Es ist deshalb wenig verwunderlich, dass sie schnell an die Grenzen des herrschenden Konservatismus stieß.

Mit Beginn der Revolution fand die Bevölkerung sehr schnell Lösungen, um die Leerstelle, die das Versagen der Regierung hinterlassen hatte, zu füllen. »In den entstehenden befreiten Zonen gab es eine spontane, aber sehr gut organisierte Bewegung: Die Notabeln in den Städten fanden sich zusammen und richteten lokale Gemeinderäte ein«, berichtet die Journalistin Hala Kodmani. »Die Bevölkerung organisierte die Nahrungsmittelversorgung, die Schulen, Krankenhäuser, die Gerichte. Zwei Faktoren trugen dazu bei, dass diese Initiativen schiefgingen: Einmal die Bombardierungen durch das Regime, die vor allem zivile Ziele ins Visier nahmen, besonders Schulen und Krankenhäuser, und zum anderen die Islamisten.«[33] Aber die Revolution löste auch einen Wettlauf um die Ressourcenkontrolle aus. Die Regierung geriet bei der Bezahlung der verschiedenen Milizen und der Schabiha (der informellen Milizen, oft ehemalige Gauner, die für niedere Aufgaben der Geheimdienste eingesetzt werden), die sie zur Durchsetzung ihrer Repressionen benutzt, schnell in Schwierigkeiten. Den Handlangern des Regimes wurde deshalb erlaubt, sich »selbst zu bedienen«. Wenn sie ein Stadtviertel niederschlugen oder den Revolutionären ein Dorf abjagten, begnügten sie sich nicht mehr damit, die Bewohner anzugreifen. Sie gaben sich auch regelrechten Plünderungen hin, wie man es live in der Fernsehberichterstattung sehen konnte.

Am Tag nach dem Fall der Stadt al-Qusayr (Kusseir) am 5. Juni 2013 erhielt die BBC-Sonderberichterstatterin Lyse Doucet von den Befehlshabern die Erlaubnis, sich in der gerade aus den Händen der »Terroristen zurückeroberten« Stadt umzusehen. Das Regime war so stolz auf seinen Erfolg, ein regelrechter Wendepunkt in der Revolution, dass es einem internationalen Medium Zugang ermöglichte, um den Sieg medienwirksam auszunutzen. Das Kamerateam war mit Satellitenempfang ausgestattet, so dass Lyse Doucet durch die Straßen gehen und eine Direktreportage ohne Montage machen konnte, indem sie einfach beschrieb, was sie um sich herum sah. Natürlich hatte das Regime dafür gesorgt, dass einige Bewohner ihre Freude über die Rückkehr der Armee zum Ausdruck brachten. Aber was vor allem ins Auge sprang, das waren all diese bewaffneten Männer mit zusammengewürfelten Uniformen, von denen einige die gelben Insignien der Hisbollah trugen. Sie saßen freudestrahlend auf Mopeds und transportierten so viel, wie sie in ihrer Montur tragen konnten: Möbel, Fernsehgeräte, Computer, Haushaltsgeräte… In der Folgezeit sah man einen Schwarzmarkt in Homs entstehen, »Souk al-Sunna« (Markt der Sunniten) genannt, weil dort die von Sunniten geplünderten Waren verkauft wurden. »Wir haben in Syrien einen rasenden Verfall des Staates erlebt, so dass er sich in eine Miliz verwandelt hat«, erklärt der Politologe Hamit Bozarslan. »Nach Weber ist der Staat eine Mafia, die es an die Macht geschafft hat. Der Staat im Sinne des Westfälischen Friedens hat das Recht, nach außen Krieg zu führen, um die Stabilität im Inneren zu schützen. Im vorliegenden Fall sehen wir einen mafiösen Staat, der seine Gesellschaft zerstört, um dank der Zerstörung zu überleben.«[34]

Doch das Regime hält nicht das Monopol auf Diebstahl. Das Abgleiten in den Bürgerkrieg hat dazu geführt, dass sich Anführer von verschiedenen Einheiten (Katiba) ihrerseits oft wie gewöhnliche Warlords, skrupellose Kriegschefs, aufführen. »Die bewaffneten Gruppen haben gegenüber den Zivilisten die Hand aufgehalten«, beklagt der Intellektuelle Yassin al-Haj Saleh. »Für alles brauchen Sie ihre Unterstützung, selbst um etwas zu essen zu bekommen. Sie wollen die Macht. Sie wollen die Leute kontrollieren. Unter ihnen gibt es Gruppen, deren Horizont etwas weiter ist. Aber sie haben weniger Ressourcen und sie sind schwächer als die radikalen Gruppen.«[35] Die bewaffneten Gruppen sind die wirtschaftlichen Hauptakteure. Dort, wo sie sich niederlassen, verdrängen sie den schwachen Staat in allem, was die Grundversorgung der Bevölkerung betrifft, aber auch und vor allem beim Ausschlachten der Ressourcen: Fabriken, staatliche Landwirtschaftsbetriebe, Getreidesilos, industrielle Bäckereien, hydro-elektrische Staudämme … Besonders lukrativ ist die Kontrolle der Grenzen mit den »Zollrechten«, die damit verbunden sind.

»Die Kontrolle der Grenzposten und Straßensperren ist eine der wichtigsten Einnahmequellen für die Rebellengruppen«[36], schreibt Dschihad Yazigi. »Ungefähr 34 Kontrollposten wurden beispielsweise auf den 45 km, die Aleppo von der türkischen Grenze trennen, gezählt. Das macht einen Kontrollposten alle 1,3 km. In Aleppo selbst hatte es an der Straßensperre des Stadtteils Bustan al-Qasr, die das Rebellengebiet von den vom Regime kontrollierten Gebieten trennt, schwere

Kämpfe zwischen verschiedenen Banden gegeben, weil die Kontrolle dieser Sperre es ermöglicht, Gebühren für alle Waren zu kassieren. In der Praxis konzentrieren sich zahlreiche Rebellengruppen inzwischen mehr darauf, ihre wirtschaftlichen Aktivitäten zu entwickeln, als das Regime zu bekämpfen. Für sie wie für viele andere Einzelne oder Gruppen auf beiden Seiten des Konflikts ist der Krieg eine Quelle des Reichtums und sein mögliches Ende käme einem Verlust gleich.«

Die Hauptressource des Landes bleibt trotz allem das Erdöl. Aus diesem Grund ist es aufschlussreich festzustellen, dass das Regime wie auch der Islamische Staat vorgeben, die Bevölkerung von der Tyrannei des jeweils anderen zu befreien, aber ihre Hauptkampfgebiete liegen nicht unbedingt in den urbanen Zentren. Das Gebiet, das sie am heftigsten umkämpfen, liegt in der Wüste und ist reich an Erdöl. Die Kämpfer versuchen vor allem, Erdölfelder, Raffinerien und Pipelines zu erobern. Syrien verfügt über zwei Erdölvorkommen. Das erste erstreckt sich von Deir ez-Zor bis zur irakischen Grenze. Einst war es das Vorzeigegebiet von Shell und Total mit einer Tagesproduktion von ca. 400 000 Barrel in den 1980er Jahren, die inzwischen auf ein Niveau von kaum mehr als 100 000 gesunken ist. Das zweite Erdölvorkommen befindet sich ganz im Nordosten, zwischen den Städten Qamischli und al-Hasaka, in einem Gebiet, das das Regime fast völlig der Kontrolle der Peschmerga des PYD, des syrischen Zweigs der PKK, überlassen musste. Diese Region war mit durchschnittlich 250 000 Barrel pro Tag noch in einem starken Aufschwung begriffen, als die Revolution ausbrach. In der Gegend von Deir ez-Zor machen sich die bewaffneten Gruppen gegenseitig Konkurrenz, um einen Teil der Erdölproduktion zu ergattern. Teilweise kommt es zu heftigen Kämpfen zwischen »Rebellenfraktionen«.

Unter einem anderen Gesichtspunkt betrachtet, dauert der Konflikt auch deshalb an, weil die verschiedenen Akteure weiterhin mit Geld von ausländischen Investoren alimentiert werden. Der Staatshaushalt des Regimes verfügt nicht mehr über seine normalen Einnahmen. Die Bourgeoisie zahlt aus Unzufriedenheit mit den öffentlichen Dienstleistungen keine Steuern mehr. Die Erdölexporte sind stark zurückgegangen. Das Resultat: Ein seltsames Handelsdreieck hat sich etabliert. Der Iran ist zum Hauptdevisenbeschaffer für Damaskus geworden und begleicht direkt die Waffenlieferungen, die von Moskau gewährleistet werden. Für die Seite der Rebellen kommt die Unterstützung hauptsächlich aus den Golfstaaten, von Geschäftsleuten der syrischen Diaspora und in geringerem Maße auch aus der Türkei und aus den westlichen Ländern. Es gibt meiner Kenntnis nach keine umfassende Studie über die Vermögensquellen der aufständischen Gruppen (Revolutionäre und Dschihadisten gleichermaßen). Aber es ist offensichtlich, dass in der Regel gilt: »Wer zahlt, bestimmt, wo es langgeht.« Diese Regel ist nicht unschuldig an der Radikalisierung des Konflikts, denn als die Revolution sich bewaffnete, kam es zu einem regelrechten Wettbewerb zwischen Rebellengruppen um die Finanzierung durch die Golfstaaten. Die Medien der verschiedenen Gruppen filmten ihre Erfolge, um Sponsoren anzuziehen, und sie sind schnell dazu übergegangen, ihren Filmen einen immer offensichtlicheren islamischen Anstrich zu geben, je mehr Erfolg sie bei den Sponsoren hatten. Für die Geldgeber stellen die Spenden eine Art »Zakāt«

dar, eine Abgabe an Bedürftige, die eine der fünf Säulen des Islam bildet. Inzwischen gehen die Zuwendungen zurück. Sie fallen den Maßnahmen für den Kampf gegen die Finanzierung des Terrorismus zum Opfer.

Unter den aufständischen Gruppen hat zweifelsfrei der Islamische Staat das effizienteste Finanzierungssystem aufgebaut. Ihre Einnahmen können sich sehen lassen. Die amerikanische Administration spricht gar von der »am besten finanzierten Terrororganisation der Welt«. Das geschmuggelte Erdöl, das auf den Ölfeldern im Irak unter der Kontrolle des Islamischen Staates gefördert wird, bringt ihm eine Million Dollar pro Tag ein. Das allein ist beträchtlich, stellt aber nur einen ganz kleinen Teil seines Haushaltes dar, den die USA auf zwei Milliarden Dollar schätzen! Die Geheimdienste haben Mühe, die Zwischenhändler zu identifizieren, die das »schmutzige« Erdöl kaufen, das als Schmuggelware meist nur wenig oder gar nicht raffiniert in Umlauf gebracht wird. Anschließend wird das Geld in einem faulen Finanznetz von Strohmännern gewaschen. Andere Einnahmequellen der Dschihad-Organisation: die Plünderung der Zentralbank von Mosul – dort sollen sie nach unbestätigten, später von offizieller irakischer Seite widersprochenen Informationen 480 Millionen Dollar erbeutet haben – und das Geschäft mit antiken Kunstschätzen. Die Kunstwerke aus Museen und Kirchen werden angeblich vor allem an Händler in der Türkei verkauft. (Viele Gerüchte ranken sich um die Geschäfte mit antiken Schätzen, die der Islamische Staat betreiben soll. Das Ganze ist kaum dokumentiert. Einige ziehen es vor, die Zerstörungen von Kunstschätzen in den Vordergrund zu stellen.) Außerdem hat der Islamische Staat Zollkontrollpunkte entlang seiner »Grenzen« eingerichtet und fordert mehrere Hundert Dollar pro Lastwagen. David Cohen, Staatssekretärs für Terrorismus und Finanzkriminalität im US-Finanzministerium, beklagt außerdem, dass »mindestens 20 Millionen Dollar Lösegeld« zur Freilassung von Geiseln an den Islamischen Staat geflossen sind. Eine Zahl, die sich nicht überprüfen lässt und von allen beteiligten Ländern bestritten wird.

Ironie der Geschichte: Der Islamische Staat und die syrische Regierung schrecken nicht davor zurück, sich in Widersprüche zu verwickeln, wenn es darum geht, miteinander Geschäfte zu machen. Im Januar 2014 enthüllte Ruth Sherlock, Korrespondentin des britischen *Daily Telegraph* im Mittleren Osten, die komplexen Hintergründe des Erdölgeschäfts zwischen den beiden Kontrahenten.[37] Sie hatte Aussagen von westlichen Geheimdienstleuten, von syrischen Aufständischen und von Abtrünnigen der al-Qaida zusammengetragen. Dabei bestätigte sich, was viele Syrer ohnehin vermuteten: Das Rohöl, das in den von der syrischen Regierung kontrollierten Gebieten gefördert wird, gelangt über Pipelines in die vom Islamischen Staat besetzten Zonen und umgekehrt. Es gab also ein zumindest stillschweigendes Übereinkommen zwischen beiden Seiten. Die Journalistin der britischen Tageszeitung konnte die Doppelzüngigkeit der verfeindeten Parteien beweisen: »Die Behauptung, Assad bekämpfe den Terrorismus mit eiserner Hand, ist nichts weiter als eine einzige Heuchelei«, vertraute ihr ein westlicher Geheimdienstagent an. »Während Assad nach außen die Geschichte des Kampfs gegen den Terrorismus verkauft, hat das Regime einige Verträge geschlossen, um seine Interessen zu wahren und sich das Überleben zu sichern.«[38]

Im Frühjahr 2013 kommen die ersten Einzelheiten solcher Verträge zwischen dem Regime und den Dschihadisten an die Öffentlichkeit, als die al-Nusra-Front die Kontrolle über einige der reichsten Ölfelder des Landes in der westlichen Provinz Deir ez-Zor übernahm. »Das Regime bezahlt al-Nusra dafür, die Öl- und Gaspipelines zu schützen, die sie im Osten und Norden des Landes erobert hat, und auch für die Sicherstellung des Erdöltransports in von der Regierung kontrolliertes Gebiet«, berichtet die britische Journalistin. Insbesondere die Raffinerien von Homs und Baniyas wurden immer weiter mit Rohöl beliefert, obwohl das Regime fast alle Ölfelder verloren hatte. Viele der Anlagen wurden von der al-Nusra-Front erobert, befinden sich aber inzwischen unter dem Einfluss des Islamischen Staates. Es deutet nichts darauf hin, dass die Verträge seitdem beendet wurden.

Auf irakischer Seite hat der Islamische Staat die Erdölfelder in der Region Mosul, aber auch an den Grenzen zu kurdischen Gebieten erobert. Er kämpft gegen die irakische Armee um die Kontrolle über die Raffinerie von Baidschi, eine der größten Ölraffinerien des Landes.

Es ist nicht der unwichtigste Widerspruch, dass die Militärschläge der Vereinigten Staaten vor allem das Leid der Zivilbevölkerung verschärft haben. Dschihad Yazigi legt in einem gut dokumentierten Blogbeitrag die finanziellen Folgen des Einsatzes auf die syrischen Akteure dar. Hauptangriffsziel waren schon in den ersten Tagen die vom Islamischen Staat kontrollierten Raffinerien, vor allem mit dem Ziel, das Erdöl als Finanzquelle zum Versiegen zu bringen. »Es ist nicht auszuschließen, dass die Finanzlage des Islamischen Staates unter der Zerstörung der Raffinerien leiden wird, aber längst nicht in dem Maße, wie es sich Washington erhofft«, gibt der Wirtschaftsexperte an. »Anders als die Raffinerien sind die meisten Erdölfelder nicht betroffen und die islamische Organisation hat immer noch die Möglichkeit, das Erdöl unraffiniert zu verkaufen.« Darüber hinaus verfügt der Islamische Staat über zahlreiche weitere Einnahmequellen, besonders aus Abgaben und Steuern, die er auf seinem Territorium erhebt.

Dschihad Yazigi belegt, dass die Bevölkerung dagegen Schwierigkeiten hat, sich mit Kraftstoff zu versorgen. Gerade im Winter stellt das ein echtes Problem dar, weil ein Großteil der Bevölkerung auf ölbetriebene Heizöfen angewiesen ist, um die Wohnung zu heizen. Der Mangel an Kraftstoff zeitigt einen Inflationseffekt und zieht eine Kette von Konsequenzen nach sich: steigende Preise für Produkte, besonders aus der Landwirtschaft, auch aufgrund gestiegener Transport- und Stromkosten, die bedingt sind durch die Abhängigkeit von Dieselgeneratoren, seit das Stromnetz durch den Krieg weitgehend zerstört ist und immer weiter eingeschränkt wird. Einige Tage nach den ersten Militärschlägen hat das Regime die Heizölpreise um zunächst 33 %, dann noch einmal um 17 % erhöht, das Ganze in einer Schnelligkeit, hinter der sich womöglich ein Geschäft mit Erdölprodukten aus dem vom Islamischen Staat besetzten Gebiet in Richtung der von der Regierung kontrollierten Gebiete verbirgt.

Die schreckliche Ironie der Militärschläge: Die Bevölkerung leidet am meisten in den Gebieten, die nicht mehr der Regierung unterstehen, ganz gleich ob sie inzwischen von der Freien Armee, vom Islamischen Staat oder einer anderen Rebellengruppe kontrolliert werden. Der Regierung gelingt es, dank der beträchtlichen Unterstützung durch den Iran und Russland, den Lebensstandard der Bevölkerung einigermaßen zu halten. Das gilt aber nicht für die Gebiete, die nicht mehr unter ihrem Einfluss stehen, mit der kleinen Ausnahme der von Kurden bewohnten Gebiete.

Die politische Instabilität hat die Wirtschaftsproduktion zerstört und Strukturen hervorgebracht, die einerseits auf das bloße Überleben ausgerichtet sind und andererseits unweigerlich zu einer wachsenden Kriminalität führen, zu Lasten der Bevölkerung.

4. Eine sich selbsterfüllende Prophezeiung

Die Radikalisierung der syrischen Revolution
ist das natürliche Ergebnis unseres Nichthandelns.

Ich habe mir angewöhnt, Menschen, die mich bei geselligen Abendessen oder nach Konferenzen ansprechen und in mitleidigem Ton sagen: »Wirklich, mein Bester, diese Geschichte in Syrien ist ein Drama ohne Ende. Was soll's, das ist alles so kompliziert ...« – und sich dann mit einem Seufzer der Hoffnungslosigkeit zum Gehen wenden, mit einer Fabel vom Pausenhof zu antworten. Es ist die Geschichte eines kleinen Jungen, der in jeder Pause von einem Mitschüler verprügelt wird. Der Junge geht brav zur Lehrerin, um sich zu beschweren. Die Lehrerin ergreift sofort für ihn Partei: »Mein armer Kleiner, es ist wirklich nicht richtig, was dir geschieht.« Sie zieht den anderen zur Rechenschaft: »Du bist böse. Hör' sofort damit auf, oder ich werde dich bestrafen ...« Allerdings wird unser Kind weiterhin jeden Tag in jeder Pause geschlagen. Die Lehrerin, der Direktor, die Pausenaufsicht weisen den gewalttätigen Schüler zwar immer wieder zurecht, doch sie tun nichts, um ihn in die Schranken zu weisen. Drei Jahre lang wird unser Junge inzwischen regelmäßig vermöbelt, bis er sich einer Gruppe anschließt, um sich zu schützen. Es handelt sich um echte Rowdys. Das ganze Schulpersonal stürzt sich auf ihn, um ihn zu kritisieren. Und nun ist es der ursprüngliche Bösewicht, der zur Lehrerin kommt und sich vor ihr aufspielt: »Siehst du, ich habe dir doch gesagt, das ist ein ganz Schlimmer!«

Während meiner Laufbahn als Journalist im Mittleren Osten hatte ich immer wieder Gelegenheit festzustellen, dass sich Prophezeiungen in diesem Teil der Welt als erstaunlich selbsterfüllend erweisen. Dabei reicht es meistens nach einem Wolf zu rufen, um einen Wolf zu erschaffen. Gewalt zieht Gewalt nach sich, die Hoffnungslosigkeit radikalisiert und Hass schürt weiteren Hass. Seit meiner ersten Reportage in Syrien nach Beginn der Revolution im September 2011 nahm ich mit Sorge das Gewaltpotential wahr, das in dieser Bewegung schlummerte. Dabei handelte es sich zu diesem Zeitpunkt nicht um einen Krieg. Es gab noch keine Kämpfe. Aber der schlimmste Konflikt schien mir schon damals unvermeidbar, wie ich im Wochenmagazin *Le Point* schrieb:

»Diese Revolution wirft tiefe Gräben zwischen den Gemeinschaften auf, die sich kaum wieder zuschütten lassen. Die Machthaber halten mit aller Gewalt ihre Bastionen: die Städte Aleppo und Tartus, sowie einen Großteil der Stadt Damaskus. Sie können sich auf die Treue der Alawiten, der meisten Christen und vieler Geschäftsleute verlassen. Aber sie haben es sich mit der Bevölkerungsmehrheit der Sunniten verscherzt. Ihnen gegenüber stehen die Revolutionäre, denen es scheinbar nicht gelungen ist, Anhänger außerhalb ihres natürlichen Einzugsgebiets zu rekrutieren: aus den ärmsten, meist ländlichen Gebieten und den wenigen Industriestädten im Zentrum. In jedem Fall bestimmt vor allem der Herkunftsort, ob man sich der Regierung oder der Revolution verpflichtet fühlt. Das lässt sich geographisch nachzeichnen. Dieses Dorf gehört zu dem einen Lager, jenes zum anderen. In den Städten liegen Stadtteile der Rebellen direkt neben regierungstreuen Stadtteilen. Die beiden verfeindeten Lager sind im ganzen Land verstreut, so dass es für die Opposition unmöglich ist, sich ein zusammenhängendes Rückzugsgebiet zu schaffen. Auf beiden Seiten gibt es für viele kein Zurück mehr. Die meisten Revolutionsanhänger wissen, dass sie vom Regime gesucht werden, das unerbittlich sein würde, falls sie ihm in die Hände fielen. Und die Schergen des Regimes, die in den letzten Monaten die Repressionen durchgesetzt haben, haben wenig Hoffnung, seinen Sturz zu überleben. Für die einen wie die anderen geht es um Leben und Tod.«[39]

Die Revolution radikalisierte sich im gleichen Maße, wie sich die Persönlichkeit von Baschar al-Assad verhärtete. Von ihm heißt es, er habe sich am Anfang seines Medizinstudiums dafür entschieden, sich auf Augenheilkunde zu spezialisieren, weil er kein Blut sehen konnte! Zwischen seiner Studienzeit, während der ihn Ayman Abdel-Nour gut kannte, und seinem Machtantritt hat sich der zurückhaltende Erbe in ein unerbittlich hartes Oberhaupt verwandelt. Die Erinnerungen seines ehemaligen Studienfreundes, der bis zu dessen Regierungsübernahme ein Weggefährte blieb, sind nicht ohne Pikanterie: »Baschar al-Assad hatte nicht nur ein Leben, sondern drei. Der erste Baschar lebte bis zum Tod seines Bruders Bassel [der eigentlich die Nachfolge des Vaters antreten sollte]. Er war ein ganz normaler Typ! Er war schüchtern. Er versteckte sein Lächeln. Weil er seinen Mund nicht mochte, versteckte er das Gesicht beim Lachen. Er war immer bereit, jemandem einen Gefallen zu tun. Der zweite Baschar ist derjenige, der aus London zurückkam, um seinen Militärdienst anzutreten. Da er Arzt war, fehlte ihm der Respekt des Militärs, anders gesagt, der Status des Kampferprobten. Deshalb hatte man ihn aus dem Gesundheitsdienst der Armee herausgenommen und in eine Kavallerieschule gesteckt. Panzer sind männlicher. Er bekam Muskeln. Seine Stimme, die einst eher schwächlich klang, wurde kräftiger. Er legte jegliche Schüchternheit ab. Der dritte Baschar ist derjenige, der an die Macht kam. Ungefähr anderthalb Jahre nach seiner Übernahme des Präsidentenamtes fing er an, sich für Gott zu halten. Da habe ich aufgehört, ihn zu treffen.«[40]

Bei einer Reportage im Zawiya-Gebirge im April 2013 habe ich verstanden, dass die Radikalisierung ein zwangsläufiger Prozess ist. Sie ging unausweichlich einher mit einer Kritik an der westlichen Untätigkeit.»Wenn ihr nichts tut, um uns zu helfen, werden wir alle al-Qaida-Kämpfer.« Wie oft habe ich diesen Satz gehört, als Ausdruck einer allerletzten Drohung. Um für den Sender ARTE eine Reportage zu drehen, war ich hoch oben in den Bergen unterwegs, wo das Provinzstädtchen Kafranbel in den sozialen Netzwerken mit humorvollen Nachrichten auf sich aufmerksam machte. Raed al-Fares, ein nach eigenen Angaben»reuiger Baath-Anhänger«, leitete dort mit viel Einfallsreichtum das ›Zentrum der revolutionären Medien‹, während Ahmed, der früher Dentalprothesen hergestellt hatte, einer der bekanntesten Karikaturisten der syrischen Revolte geworden war. Sie sangen und tanzten in Kafranbel. Sie hatten noch die Kraft zu lachen. Man demonstrierte mit der ganzen Familie. Obwohl Krieg wütete und fast jeden Tag Bomben und Granaten einschlugen, war die Revolution dort noch harmlos.

Als ich ankam, entdeckte ich, dass die al-Nusra-Front in dieser Region auf Unterstützerfang ging. Ich war überrascht zu sehen, wie dies in relativem Einvernehmen mit anderen

Rebellengruppen geschah. Bei ihrer Gründung im Frühjahr 2012, als das Stadtviertel Baba Amr in Homs von der syrischen Armee belagert wurde, genoss al-Nusra noch eine gewisse Achtung in Syrien: recht gut organisiert, rechtschaffen, effizient im Kampf durch ihre Praxis der gezielten Selbstmordattentate. Sie selbst sprach nur von »Märtyreroperationen«. So stellten ihre Mitglieder in den Augen der syrischen Bevölkerung ein wirksames Bollwerk gegen das Regime dar, obwohl diese zum großen Teil deren extrem konservativen politischen, religiösen und sozialen Standpunkte nicht teilte. Die al-Nusra-Front versuchte ihrem Namen alle Ehre zu machen. (»Unterstützerfront« im Arabischen, was vollständig so viel heißt wie »Unterstützerfront der syrischen Bevölkerung der Mudschahedin des Scham in der Arena des Dschihad«.)

Doch während meiner Reportage in Kafranbel sagte mir einer der Kommandeure der Freien Syrischen Armee unumwunden: »Wenn man das syrische Volk weiter sich selbst überlässt, wird es echten Dschihad-Tendenzen auf den Leim gehen. Islamistische Bewegungen werden sich ausbreiten. Wir sind alle gemäßigte Moslems. Aber wenn wir allein dastehen, werden wir uns mit den extremistischen Kräften verbinden. Es wird uns eine Ehre sein! Jeden Tag sterben 500 bis 600 Menschen. Man verlangt von uns, dass wir dem tatenlos zusehen, aber wir werden keine Zuschauer bleiben. Die Welt wird einen Preis dafür zahlen, denn das syrische Volk wird weder dem Sicherheitsrat noch der UNO gehorchen, auch nicht den Menschenrechtsorganisationen. Da wir uns selbst überlassen sind, haben wir das Recht, selbst zu antworten, mit den Mitteln, die wir für notwendig erachten. Das syrische Volk steht zusammen, die Bewaffneten mit den Unbewaffneten, die Angestellten mit den Arbeitern, wir haben ein geeintes Netz im Aufstand gegen das Regime. Das Volk wird sich dem zuwenden, was es für das Beste hält. Das syrische Volk, die Freie Syrische Armee, die al-Nusra-Front, wir sind gemeinsam vor Ort. Denn die al-Nusra-Front, die der Westen als terroristisch beschreibt – eine Definition, die ihm gelegen kommt, aber nicht uns –, gehört zur sozialen Struktur Syriens. Man kann sie nicht vom Volk trennen. Es geht um politische Spiele, dessen ist sich das syrische Volk bewusst, mit dem Ziel, das syrische Volk selbst in die Knie zu zwingen, nicht das Regime von Baschar al-Assad. Das Schweigen der Welt hat den Zusammenbruch des syrischen Volkes zum Ziel!«

Der Erfolg der islamistischen Gruppen beruht auf mehreren Faktoren: ihrem Image der militärischen Effizienz, ihrer Integrität, die ihnen in der Bevölkerung Popularität verschafft, aber auch auf der Art und Weise, wie es ihnen gelingt, Finanzquellen aufzutun, was dazu führt, dass sie sich in religiösen Absichtserklärungen überbieten. »Der Hauptfaktor für die Radikalisierung ist dem Umstand geschuldet, dass die Gruppen mit den besten Finanzmitteln auch die meisten Neuzugänge verzeichnen«, merkt Zyad Majed an. »Deshalb der Zulauf für die Dschihadisten. Sie hatten einfach die besten Sponsoren.«[41]

Die Beliebtheit der al-Nusra-Front sorgt für Unbehagen. Dennoch erweist sich das mit ihr verbundene Schreckensbild, trotz ihrer Affinität zu al-Qaida, nicht abstoßend genug, um den Westen davon abzuhalten, seine Hilfen für die syrische Revolution einzustellen. Das Regime schürt deshalb weiter die Radikalisierung des Kampfes und trägt somit zum einen dazu bei, dass die al-Nusra-Front in eine islamistische Form des Kommunitarismus abgleitet, und zum anderen, dass der Islamische Staat möglicherweise tatsächlich entstehen kann. Dies zeigte sich nicht zuletzt auch daran, dass die al-Nusra-Front, die sich traditionell ihre Zielscheiben sehr genau aussuchte, im Sommer 2013 nach den Anschlägen mit Chemiewaffen auf Ghouta ihre Politik änderte und sich eine verstärkt konfessionelle Ausrichtung gab, indem sie mehr und mehr »alawitische Ziele« angriff.

Parallel zu dieser Entwicklung verschlechterten sich die Beziehungen zwischen al-Nusra und den revolutionären Gruppen dadurch, dass sie selbst zunehmend durch den Islamischen Staat vereinnahmt wurde. General Selim Idriss von der Freien Syrischen Armee, der sich bis dahin über die Zufuhr an Waffen und Kämpfern aus dem Ausland gefreut hatte, bezeichnet die Dschihadisten des Islamischen Staates als »Kriminelle« und als »Agenten des Regimes«. Die Beziehungen der drei Hauptgruppen der Dschihadisten sind komplizierter geworden. Der Islamische Staat setzt auf Gewalt, auf eine Art Kommunitarismus im Namen der Reinheit der Sunna, nutzt die Frustration und betreibt eine Demagogie der Opfer. Er hat erkannt, dass sich die Radikalisierung seines Kampfes als sehr wirkungsvoll erweist, wenn es darum geht, Ausländer zu rekrutieren, die wenig Wert auf lokale Sitten und Gebräuche legen und noch weniger Interesse an der Bevölkerung haben.

Ahrar al-Scham, eine dschihadistische Bewegung mit dem Anspruch, Syrien eine neue Verfassung zu geben, verbindet die bewaffnete Aktion im Namen des Islam mit dem demokratischen Spiel. Sie kündigte an, nach dem Sturz des Regimes an Wahlen teilnehmen zu wollen, und fand sich in mehreren

Regionen schnell in direkter Auseinandersetzung mit dem Islamischen Staat wieder, besonders in der Region von Raqqa. Al-Nusra bewegt sich zwischen den beiden, schließt punktuell Gelegenheitsallianzen und verbindet sich bisweilen auch mit Gruppen, die sie an anderer Stelle bekämpft. Der sehr laizistische Intellektuelle Yassin al-Haj Saleh erklärt, dass »der Hauptunterschied zwischen der al-Nusra-Front und dem Islamischen Staat darin besteht, dass die al-Nusra zum größten Teil aus Syrern besteht und in erster Linie syrische Themen auf ihrer Agenda hat, während der Islamische Staat internationale Ziele verfolgt und aus zahlreichen Muhajirin [»Einwanderer«, so nennt man oft die ausländischen Kämpfer unter den Dschihadisten] besteht. Aber ihre Ideologie ist recht ähnlich.«[42] Eine der Prioritäten der al-Nusra-Front ist es, die Fitna, den Bruderkrieg unter Moslems, zu verhindern.

Yassin al-Haj Saleh beunruhigt die Verschärfung der Situation: »Je länger das Regime an der Macht bleibt, umso stärker treibt es die Menschen in die Radikalisierung und den Kommunitarismus. Es gibt immer mehr Massaker aus Glaubensgründen. Menschen töten plötzlich Bewohner des Nachbardorfes. Das kommt in erster Linie den Fundamentalisten zugute, und dem Regime.«

»Die Unterschiede zwischen den Dschihad-Gruppen liegen nicht so sehr auf ideologischer Ebene, sondern vielmehr in ihrer jeweiligen Zusammensetzung«, analysiert Ziad Majed. »Ein Großteil der Mitglieder der al-Nusra-Front und der Ahrar al-Scham-Bewegung sind Syrer. Die meisten Anhänger des Islamischen Staates waren (zumindest zu Anfang) Ausländer. Das lässt sich auf den Bruch zwischen der al-Nusra-Front und dem Islamischen Staat zurückverfolgen. Es gab einen regelrechten Krieg in Deir ez-Zor mit Tausenden Toten. Das Problem besteht darin, dass die amerikanischen Interventionen die Solidarität unter Dschihadisten noch verstärkt, anstatt zu zeigen, was sie trennen und was die al-Nusra-Front zurück in die Reihen der Revolutionäre bringen könnte. Man muss nach Gesprächspartnern innerhalb der al-Nusra-Font und von Ahrar al-Scham Ausschau halten und sie eines Tages wieder für die revolutionäre Sache gewinnen.«[43]

Für alle, die ich während meiner Reportagereisen in Syrien seit der Revolution getroffen habe, war klar, dass das Land internationale Hilfe benötigt, um der Diktatur ein Ende zu bereiten. Die Syrer haben eine Zeit gebraucht, um zu erkennen, dass die Hilfe nicht kommen wird. Das war ein schmerzhafter Erkenntnisprozess. Muss man an die Hilferufe der Revolutionsführer erinnern? Oktober 2011: Bitte um eine Flugverbotszone. Dezember 2011: Bitte um die Einrichtung eines humanitären Korridors, in dem die vertriebene Bevölkerung Zuflucht suchen könnte. Januar 2012: Bitte um Unterstützung für die Freie Syrische Armee. März 2012: Ruf nach internationalen Militärinterventionen, um die Massaker zu beenden. August 2012: Bitte um Luftabwehrraketen etc. Im Juni 2013 fragte sich Frankreich unter Präsident Hollande immer noch, unter welchen Bedingungen Waffen zum Einsatz gegen die Flugzeuge des Regimes geliefert werden könnten, obwohl längst kein Zweifel mehr daran bestand, dass die Überlegenheit seiner Luftwaffe dem Regime einen entscheidenden Vorteil verschafft und sich die Freie Syrische Armee ganz umsonst aufopfert.

»Indirekt haben der Westen und besonders die Vereinigten Staaten das Kräfteungleichgewicht aufrechterhalten«, unterstreicht der Politologe Ziad Majed. »Die einseitigen Waffenlieferungen und die politische Unterstützung hat es dem Regime ermöglicht, seine Schlagkraft zu bewahren und mit seiner Luftwaffe das gesamte syrische Territorium zu bombardieren, obgleich es seine Legitimität in den Augen der Bevölkerung verloren hat.«

Das Nichthandeln, das am meisten Schuld auf sich geladen hatte, war jenes nach dem Chemiewaffenangriff auf Ghouta im August 2013, mit einer Bilanz von 1400 Toten. Das Regime brach zunächst in Panik aus. Beobachter in Damaskus berichteten beim Regierungsgipfel in Damaskus von einem »Rette sich, wer kann«-Reflex, angesichts der unmittelbar bevorstehenden westlichen Intervention. Aber, im Gegenteil, das Ausbleiben einer Reaktion wurde letztlich als ein absoluter Freibrief für die Regierung wahrgenommen. Sie begriff, dass der Westen nichts tun würde, niemals, und verdoppelte sofort die Brutalität ihrer Angriffe, indem sie heimlich Chlor als chemische Waffe in das alltäglich genutzte Waffenarsenal aufnahm. Wie soll man da die Prahlereien einer internationalen Gemeinschaft ernst nehmen, die unfähig ist, auf überzeugende Weise zu reagieren, wenn die von ihr selbst gezogene »rote Linie« überschritten wird?

»Seit dem Ausbleiben einer westlichen Reaktion auf die Bombardierung mit chemischen Waffen auf Ghouta sind die Bombardierungen der Regierung noch schrecklicher geworden und zielen hinterhältig auf die Zivilbevölkerung, um möglichst viele zivile Opfer zu machen«, bestätigt der Historiker und Verleger Farouk Mardam-Bey, einer der ersten Unterstützer der syrischen Revolution. »Wir sehen vor Ort das Vorrücken der syrischen Armee, unterstützt von Milizen, während es eine mediale

Offensive gibt, die uns glauben machen will, es ginge um ›Daesch oder das Regime‹. Die Kameras haben die Seiten gewechselt. Während ausländische Journalisten zunächst wegen der Entführungen hauptsächlich in die befreiten Zonen gingen, fanden sich diese Gebiete genau in dem Moment von der Presse im Stich gelassen, als das Regime westlichen Medien seine Türen öffnete, die nun dessen Botschaften verkündeten.«[44]

Warum dieser Rückzug des Westens? Es wäre zu einfach und zu kurz gegriffen, sich damit zu begnügen, von der Feigheit unserer Regierungen zu sprechen. Die Gründe für das Nichteingreifen sind hinlänglich bekannt: Man denke vor allem an die berühmte Angst davor, dass die gelieferten Waffen »in falsche Hände geraten« könnten. (Diese Befürchtung wurde schon geäußert, als es noch gar keine der so gefürchteten »falschen Hände«, jene der Dschihadisten, auf syrischem Gebiet gab.) Man hat den Rebellen außerdem ihre Schwäche und Gespaltenheit vorgehalten. Aber wen wundert das, wenn so viele »Paten« mit handfesten eigenen Interessen bereitstehen, um die Tagesordnung zu diktieren? Die Rebellen finden sich zwischen den Golfstaaten, die sie unterstützen, um die sunnitische Vorherrschaft angesichts ihrer Phobie des »schiitischen Halbmonds« zu sichern, den Türken mit ihren imperialistischen Absichten und den Westmächten, die von der Freien Syrischen Armee in erster Linie verlangen, als Polizei gegen den islamistischen Terror vorzugehen, zwischen den Vereinigten Staaten, die das eigene Fohlen im Stall unterstützen, der Türkei und Frankreich, die andere Gruppen favorisieren, und nicht zuletzt innerhalb der immerwährenden Konkurrenzsituation zwischen Saudi-Arabern und Katarern, die jeweils ihre Schützlinge finanzieren. Wie kann man erwarten, dass die revolutionären Katibas, die selbst ihrem lokalen politischen Spiel unterworfen sind, sich zusammentun und – kaum aus dem Untergrund heraus – genauso schlagkräftig sind wie die nationale Armee? »Katar und Saudi-Arabien sind keine demokratischen Staaten. Ihnen ist nicht unbedingt an der Freiheit der Syrer gelegen. Sie versuchen vielmehr den Iran und Russland zu schwächen, zwei ebenfalls nicht demokratische Staaten, die ihrerseits das syrische Regime aus geostrategischen, aber auch aus konfessionellen Gründen unterstützen«, erinnert der Politologe Ziad Majed. »Die Konkurrenz zwischen Saudi-Arabien und Katar hat im großen Maße dazu beigetragen, die Opposition zu zersplittern«, präzisiert Farouk Mardam Bey. Gar nicht zu reden von den gegensätzlichen Analysen und Sichtweisen der westlichen Länder, die es auch nicht geschafft haben, politisch mit einer Stimme zu sprechen.

Die Vorwürfe, mit denen man die syrischen Revolutionäre konfrontiert, sind im Grunde Ausdruck unserer kaum verborgenen Scheinheiligkeit. Präsident Barack Obama hat es selbst eingestanden: Er hatte »keine Strategie« im Umgang mit der syrischen Krise. Die europäischen Diplomaten versteckten sich hinter dem russischen Veto im Sicherheitsrat, das die internationale Gemeinschaft in ihrer Handlungsfähigkeit blockierte. »Allein in der Angelegenheit Syrien hatten wir vier Mal ein russisches Veto. Das hat es noch nie gegeben!«, ereifert sich Gérard Araud, bis zum Sommer 2014 französischer Botschafter in den Vereinigten Staaten, der sich viel mit diesem Thema auseinandergesetzt hat. »Das beweist«, schlussfolgert er, »dass die Vereinten Nationen nicht alle Probleme lösen können. Sie lösen nur solche Konflikte, die die Großmächte sie lösen lassen.«[45]

Der russische Widerstand verschaffte den westlichen Politikern Erleichterung, er rehabilitierte sie in ihrer Tatenlosigkeit.

In den militärischen Generalstäben der verschiedenen Hauptstädte feilte man zwar an Aktionsplänen für Syrien. Aber jedes Mal zuckte man aus Angst zurück. Zu kompliziert, zu riskant, zu viele unkontrollierbare Akteure. Das Regime ist noch zu stark. Und schließlich waren die erwarteten Kosten (inklusive der Kosten für potentielle terroristische Vergeltungsaktionen, wie beispielsweise jene des Irans in Frankreich während der 1980er Jahre) im Vergleich zum unerheblichen politischen Gewinn einer solchen Intervention zu hoch. Die öffentliche Meinung in unseren Ländern hat sich damit abgefunden. Das syrische Volk fällt einem Schicksal zum Opfer, gegen das man nichts ausrichten kann. Das nachlassende Interesse an den Solidaritätsdemonstrationen für die syrische Revolution in Frankreich legt davon ein trauriges Zeugnis ab. Wägt man die französischen Herausforderungen, die heilige Kuh des Wachstums, die Arbeitslosigkeit, die Schulden und das Defizit gegen die Toten in Syrien ab, dann haben letztere keinen oder kaum Einfluss auf das Wahlverhalten. Dennoch bleibt der diplomatische Druck nicht ohne Folgen. »Die Regierung wird nicht zurückweichen«, seufzt Farouk Mardam Bey, »solange sich die Haltung der Russen und Iraner nicht ändert. Es ist leider ziemlich unwahrscheinlich, dass sich etwas ändern wird, selbst wenn die Russen ein wenig Angst vor westlichen Interventionen gegen den Islamischen Staat haben und sie das zu einer etwas realistischeren Einstellung führen könnte.«

Die islamistischen Gruppen haben selbst so lange wie möglich versucht, nicht in die Falle des Extremismus zu tappen. Frantz

Glasman, Ratgeber in Syrien-Fragen, erwähnt in einem Bericht[46] die »Revolutionäre Ehrencharta der kämpfenden Brigaden«, die sie am 18. Mai 2014 unterzeichnet haben und in der sie »ihr Engagement für die revolutionäre Bewegung bekräftigen. [Dieser Text] kündigt ausdrücklich an, dass sie jede Form der totalitären islamistischen Herrschaft ablehnen. Er versichert, dass der Sturz des Regimes zu Gerechtigkeit und nicht zu Rache führen darf. Er nennt explizit den Islamischen Staat und seine Takfir-Praktiken einen Feind, den es ebenso zu bekämpfen gilt wie das Regime und seine bewaffneten Schergen. Er ruft zur Zusammenarbeit zwischen allen Rebellengruppen auf und zeigt sich offen für die Zusammenarbeit mit dem Ausland. Er setzt sich für die Wahrung der Einheit Syriens ein. Er bestätigt, dass die politische und militärische Entscheidungsgewalt in den Händen der Syrer bleiben muss, was eine Wendung um 180 Grad im Umgang mit den ›ausländischen‹ Beteiligten in Syrien ist. Er erinnert schließlich daran, dass die syrische Revolution das Ziel verfolgt, einen Staat des Rechts und der Freiheit für alle Syrer jeglicher konfessioneller und ethnischer Zugehörigkeit zu schaffen. Er verbürgt sich vor dem Hintergrund dieser Ziele für die Einhaltung der Menschenrechte.«

Die Prophezeiung hat sich selbst erfüllt. In ihrem Unglück und auf sich allein gestellt haben sich die Syrer mehr und mehr Gott zugewandt. Wie kann man ihnen das verübeln? Angesichts des Ausmaßes der Verbrechen, der extremen Gewalt, der sie weiterhin ausgesetzt sind, der Angst, der Hoffnungslosigkeit, des allgegenwärtigen Todes kann man ihnen nicht vorwerfen, dass sie das Bedürfnis haben zu glauben. Sollte man nicht verstehen, dass ihre Hinwendung zu Gott eine natürliche Reaktion ist? Ironie der Situation:

Ich überlasse es dem Christen Ayman Abdel-Nour, diese Hinwendung zu Allah zu erklären: »Alle kämpfenden Syrer brauchen Gott, um in seinem Namen sterben zu können. Die Syrer sind religiös. Selbst die Christen riefen beim Angriff während der Kriege gegen Israel ›Allah akbar‹. Das ist der offizielle Ruf der Armee. Das ist kulturell begründet, nicht religiös. Ich selbst habe meinen Militärdienst damit zugebracht, ›Allah akbar‹ zu rufen! Ich hätte es nicht akzeptiert, unter dem Banner von Castro oder Lenin zu sterben. Die meisten Revolutionäre schwenken die schwarze Fahne, aber nur, weil es die einzige verfügbare Fahne ist. Es gibt keine andere und selbst die Christen sterben unter diesem Banner.«[47]

Da die gemäßigten Kräfte wie in einem Schraubstock eingezwängt waren und sowohl die Hauptangriffe des Regimes als auch jene des Islamischen Staates erlitten, waren die Bedingungen für eine Radikalisierung der Opposition erfüllt. Ignace Leverrier, Pseudonym eines ehemaligen Diplomaten in Damaskus, bringt in seinem Blog die Gründe für den Zulauf der Organisation, die Daesch genannt wird, auf den Punkt. Er beginnt mit der Feststellung, dass sich allein 6000 Syrer im August 2014, einem entscheidenden Moment seiner Geschichte, dem Islamischen Staat angeschlossen und so sein inneres Gleichgewicht verschoben haben: Vorher handelte es sich um eine Organisation mit hauptsächlich ausländischen Kämpfern, nun ist es eine mehrheitlich syrische Bewegung. Hier seine Liste mit Begründungen dafür:

– die Grausamkeit des Regimes seit Beginn des Aufstands und die von den gläubigen, für das Regime arbeitenden, Milizen verübten Verbrechen gegen die Syrer seit 2012;

– die Abwendung des Westens von der syrischen Revolution und das allgemein unter Syrern verbreitete Gefühl, Opfer eines Komplotts zu sein;
– die Ordnung, Planung, Disziplin und Stärke von Daesch im Vergleich zu den Revolutionären, die keine Mittel haben, sich zu organisieren;
– das beachtliche Gehalt, das die Gruppe ihren Kämpfern zahlt, während die Freie Syrische Armee zu keinem Zeitpunkt Mittel hatte, Gleiches zu tun;
– die Faszination, die von der Stärke der Daesch-Gruppen ausgeht, und der Erfolg ihrer Propaganda, die sich darauf richtet, ihre Kommandos zu todesmutigen Helden zu stilisieren;
– die Feindseligkeit der internationalen Gemeinschaft gegenüber den gemäßigten islamistischen Gruppen und ihre Reserviertheit angesichts der islamischen Dimension der syrischen Revolution;
– das Ausnutzen der konfessionellen Seite durch Daesch und die Anziehungskraft, die religiöse Diskurse auf die eifrigsten ihrer Anhänger ausüben, weil sie die Schwäche und Unbeweglichkeit der Umma kompensieren.«

Es ist völlig normal – um im Bild des Schülers zu bleiben, von dem ich am Anfang des Kapitels sprach –, dass die erschöpften, von drei Jahren schrecklichster Repressionen völlig geschwächten Bevölkerungsgruppen Zuflucht bei den Stärkeren suchen, bei jenen, die ihre Muskeln spielen lassen und die, seien sie noch so hässlich, doch den Eindruck vermitteln, Schutz bieten zu können. Der in Beirut ansässige Islamexperte Romain Caillet beschreibt den Treueeid, den die syrischen Stämme dem Islamischen Staat in den Regionen von Dscharābulus und Raqqa schwören: »In der Gegend von Raqqa haben sich einige Stämme auf der Suche nach Stabilität und aus der Überzeugung heraus, dass das Regime von Baschar al-Assad nicht wieder auf die Beine kommen wird, dem Islamischen Staat zugewandt. Manchmal ohne jede ideologische Überlegung.« Er zitiert als Beispiel den Fall der Afadila, die ohne Übergang aus dem Lager des Regimes in das Lager des Islamischen Staates gewechselt sind. Dieser Überlebensinstinkt der Stämme, unabhängig von jedweder politischen Stellungnahme, hat manchmal zu unglaublich großen Diskrepanzen geführt. Andere Stämme haben sich für Pragmatismus entschieden und ihre Mitglieder auf alle vorhandenen bewaffneten Gruppen aufgeteilt. »Als die Kämpfe in Raqqa zwischen den Gruppen für und gegen den Islamischen Staat ausbrachen, waren die Stämme, die Söhne in beiden Lagern hatten, gezwungen, ihre Angehörigen vom Schlachtfeld fernzuhalten, damit sie sich nicht gegenseitig umbringen. Das zwang das gegen den Islamischen Staat kämpfende Lager dazu, salafistische Kämpfer von der Islamischen Front in Idlib und Aleppo zu rufen, um die mit der al-Nusra-Front liierten revolutionären Brigaden in Raqqa zu unterstützen.«

In Dscharābulus hat der Islamische Staat die örtlichen Stammesfehden genutzt, um die Kontrolle über die Grenzstädte zu übernehmen. Die Geschichte gäbe Stoff für ein Drehbuch: Auf der einen Seite der säkulare Jay-Clan, der zunächst treu zum Regime stand, bevor er sich der Freien Syrischen Armee anschloss. Auf der anderen Seite die konservativeren Tayys, deren Mitglieder zunächst der al-Nusra-Front

Treue schworen, bevor sie sich dem Islamischen Staat an-schlossen. Die Stadt wurde im Juli 2012 befreit, als die Regie-rungstruppen fast alle ihre Positionen im Norden Syriens auf-gaben, um ihre Kräfte auf die »nützlichen Gegenden« zu konzentrieren, von denen aus sie der gut koordinierten Rama-dan-Offensive die Stirn bieten konnten. Die beiden konkur-rierenden Stämme sind auf ihre Weise legitimiert, um die Ge-schicke der Stadt in die Hand zu nehmen: Die Jays stellten bei den Rebellen einen ihrer angesehensten Offiziere, der im Kampf sein Leben verlor. Die Tayys stellten ihrerseits einen der populärsten Imame der Stadt, von dem im Übrigen drei seiner Brüder als Märtyrer starben.

Der Mord an einem ausländischen Dschihadisten ließ die Situation in der Stadt eskalieren und führte zu Auseinander-setzungen zwischen beiden Stämmen. Dank der Unterstüt-zung durch den Islamischen Staat gewannen die Tayys und halten seit dem Sommer 2013 diese strategisch wichtige Stadt innerhalb des Islamischen Staates.

»In Dscharābulus wie in Raqqa und sicherlich auch in an-deren Städten nehmen die Menschen in der Hoffnung auf Ordnung und Sicherheit die Präsenz von Kämpfern des Isla-mischen Staates mehr oder weniger in Kauf und kommen da-mit zurecht«, resümiert Romain Caillet und zitiert einen Be-wohner der Region: »Anfangs waren meine Eltern gegen den Islamischen Staat, aber heute ist ihnen dessen autoritäres Ge-habe lieber als die Anarchie in den von der FSA [Freien Syri-schen Armee] kontrollierten Gegenden. Es ist richtig, dass wir unter der FSA frei waren zu tun, was wir wollten, aber die Städte waren nicht sicher und man konnte von einem Tag auf den anderen von einer Gang entführt werden.«

Bis jetzt hat sich der Islamische Staat im Umgang mit den Stämmen recht geschickt angestellt. Nun sollten auch wir bei der Suche nach lokalen Mittlern, die bereit sind, gegen ihn zu kämpfen, eine ähnliche Klugheit walten lassen. Denn es geht um die Sicherheit der ganzen Region, genauso wie um unsere Sicherheit.

5. Wer tötet wen?
Aber vor allem wie viele?

Der Westen ist besessen vom Sicherheitsrisiko, das von den Dschihadisten ausgeht. Aber es sind die Menschen vor Ort, die ihnen als Erstes zum Opfer fallen. Und die hauptsächlichen Terroristen sind die Sicherheitskräfte des Regimes.

Es passiert mir manchmal, dass ich mich vor laufender Kamera aufrege. Dieses Mal war der Grund eine Paris-Korrespondentin für das staatliche Fernsehen in Finnland, die während eines Interviews die schicksalhafte Frage stellte: »Haben Sie keine Angst vor der Gefahr durch die Dschihadisten? Immerhin gibt es inzwischen mehr als tausend Franzosen, die in den Dschihad in Syrien verwickelt sind. Ist das nicht eine große Gefahr?«

Ich blieb einen Augenblick stumm, ohne zu wissen, was ich antworten sollte. Dann regte ich mich auf.

Bis jetzt, also bis zu dem Zeitpunkt, wo ich diese Zeilen schreibe, ist ein einziger dieser französischen Dschihadisten nach Europa zurückgekommen und steht im Verdacht, ein Attentat begangen zu haben. Die Rede ist von Mehdi Nemmouche, der mutmaßlich im jüdischen Museum von Brüssel vier Menschen, darunter zwei Juden und ein Moslem, getötet hat. Es geht nicht darum, das Gefahrenpotential dieser Rückkehrer für die Sicherheit in Europa zu leugnen, sondern darum, es ins Verhältnis zu setzen und es von der Warte der Syrer und Iraker her einzuschätzen. Wer sind diese tausend Franzosen in ihren Augen? Kriminelle, Gauner, Produkt der Probleme unserer Gesellschaft, die wir zu ihnen schicken und die sich in ihren tödlichen Eskapaden austoben. Selbst Mehdi

Nemmouche, mit dem unser Albtraum Wirklichkeit geworden ist: Wie viele Menschen hat er während seines einjährigen Aufenthalts in Syrien getötet? Möglicherweise deutlich mehr als die vier Toten, die in Brüssel auf sein Konto gehen. Und sollte das stimmen: Wird er eines Tages für diese Opfer zur Rechenschaft gezogen? Gibt es überhaupt jemanden, der sich darüber den Kopf zerbricht?

Denn bevor wir zulassen, dass von diesen Dschihadisten, die – vergessen wir das nicht – Produkte unserer Gesellschaften sind, ein Sicherheitsrisiko für uns ausgeht, sollten wir mit der Nabelschau aufhören und darüber nachdenken, welche Verbrechen unsere Landsleute in Syrien und dem Irak begehen. Mehrere Menschen aus westlichen Ländern, darunter auch Franzosen, haben sich zu Selbstmordattentaten bekannt. Und wie viele Morde? Wie viele Folterakte? Wie kann man so empfindlich auf unsere Sicherheit bedacht sein und gleichzeitig das Recht der anderen auf Sicherheit verleugnen? Dieses Messen mit zweierlei Maß ist der Nährboden für Extremismus.

Sich gegen den Islamischen Staat zu empören, ist umso leichter, als diese Organisation ihre Verbrechen regelrecht inszeniert. Die mediale Zurschaustellung der Gewalt gehört einerseits zur Logik einer Rache mit kathartischem Charakter und andererseits zu den Strategien, den Feind zu terrorisieren. Die Enthauptungen, Kreuzigungen und Massenhinrichtungen werden bis zum Überdruss zur Schau gestellt.

»Der Islamische Staat setzt meiner Meinung nach nicht mehr und nicht weniger individuelle oder kollektive Gewalt ein als die anderen Konfliktparteien, vor allem im Vergleich zum syrischen Regime«, erklärte der Politologe François Bur-

gat in einem Interview[48] mit dem Sender RFI nach Bekannt-
werden des Mordes an dem amerikanischen Journalisten Steven Sotloff. »Der Unterschied besteht darin, dass der Islamische
Staat die Gewalt in seine Kommunikationsstrategie einbindet,
während das syrische Regime abstreitet, Gewalt einzusetzen,
und eigene Taten auf die gegnerischen Gruppen abzuwälzen
sucht. Der Islamische Staat nutzt Gewalt als grundlegendes
Element seiner Kommunikation. Das geschieht aus der
Schwäche heraus. Wenn man in einer dominanten Position
ist, hat man es nicht nötig, seinen Gegner einzuschüchtern.«

Nach Angaben der Syrischen Beobachtungsstelle für
Menschenrechte mit Sitz in London hat der Islamische Staat
in den fünf Monaten seit der Gründung seines Kalifats bis zu
1500 Menschen ermordet, darunter ungefähr 900 Zivilisten,
von denen 700 dem Schu'aitat-Stamm angehören, der sich
dem Islamischen Staat widersetzt, aber auch an die 60 gegne-
rische Dschihadisten der al-Nusra-Front. Die Beobachtungsstelle zählt auch ungefähr 500 getötete Soldaten des Regimes,
die im Kampf oder als Gefangene (eines der am weitesten verbreiteten Kriegsverbrechen auf der Bühne Syriens) ihr Leben
ließen.

Es geht mir keinesfalls darum, das Ausmaß der Verbrechen kleinzureden. Im Gegenteil, als Opfer des Islamischen
Staates kommt mir eine besondere Glaubwürdigkeit zu, wenn
es darum geht, seine Gewalt anzuprangern. Aber wie viele
Syrer und Iraker wurden gefoltert, getötet im Vergleich zu den
sechs ermordeten Geiseln? Diese Gewalt übersteigt unsere
Vorstellungskraft. Wir erliegen wahrscheinlich unserem
Schutzreflex und weigern uns, sie zu sehen. Aber wir dürfen
sie nicht ignorieren. Wir sollten mindestens den Anstand ha-

ben, die Abscheu der Syrer zu verstehen, die nach mehr als 200 000 Toten sehen, wie der Westen sich ausschließlich von seinen enthaupteten Geiseln erschüttern lässt. Die Geiseln waren meine Freunde, ich trauere um sie. Ein Grund mehr, dass ich die Instrumentalisierung ihres Martyriums nicht akzeptieren kann.

Man muss im Gegenteil einen Sinn für die Proportionen wahren und das Ausmaß der Verbrechen ermessen. Dabei wird eine Tatsache offenkundig: Das Regime ist sowohl Urheber als auch Hauptakteur der Gewalt. Das syrische Netzwerk für Menschenrechte (allgemein bekannt unter seinem englischen Akronym SNHR) war im Mai 2011 gegründet worden, um die Opfer der Repressionen aufzulisten und zu dokumentieren. Die Revolution war zu diesem Zeitpunkt noch fröhlich und pazifistisch, voller Ideen und harmlos. Die Demonstrationen hatten Kirmesatmosphäre und die Demonstranten machten sich fast einen Spaß daraus, den Razzien der Polizei zu entgehen. Aber die Repressionen wurden immer härter. Bald ging es längst nicht mehr um ein Spiel. Seit Beginn der Proteste hat das SNHR Tausende und Abertausende Berichte von Getöteten, von Verhaftungen, Folter oder sexueller Gewalt zusammengetragen. Seine Methode, die es auf seiner Internetseite vorstellt, ist sehr streng: Es geht zum einen darum, diejenigen Fälle herauszufiltern, die frei erfunden sein könnten, aber zum anderen besteht das Problem auch darin, dass viele Fälle gar nicht erst in die Liste aufgenommen werden, weil sie nicht genügend faktengestützt sind. Aus diesem Grund, gibt der Vorsitzende und Gründer von SNHR, Fadel Abdul-Ghany, zu, lägen nur sehr wenig Informationen über Verluste in den

Reihen des Regimes oder des Islamischen Staates vor, »weil wir keine Quellen aus dem Inneren dieser Gruppen haben. Aber die Informationen über die Opfer, die wir zusammentragen, sind sehr vollständig, mit Namen, Alter und Beruf […]. Wir haben die Leute, die für uns in allen Provinzen arbeiten, mit einem Fernkurs weitergebildet. Sie stehen mit den lokalen Komitees in Verbindung. Einige Korrespondenten, die für uns tätig sind, haben mehr als 3000 Kontakte auf ihrem Skype-Konto! Aber wir überprüfen grundsätzlich die Info und verlangen Beweise, wenn möglich Fotos.«[49]

Die glaubwürdigsten Schätzungen gehen heute von mehr als 200 000 Getöteten seit Beginn der Aufstände aus, aber auch von einer gleichen Anzahl Verschwundener, politischer Gefangener, Geiseln und anderen, die in Kerkern sitzen. Eine große Anzahl dieser Verschwundenen sind aller Voraussicht nach bereits tot. Es ist leider nur allzu wahrscheinlich, dass die meisten Gefangenen nie wieder frei kommen. Letztendlich ist es sicher nicht übertrieben, wenn man die Bilanz der Opfer des Konflikts auf mindestens das Doppelte dessen, was bereits feststeht, veranschlagt. Das SNHR hat eine Liste von nur 5600 zivilen Folteropfern aufgestellt, während die Fotos von »Cäsar« Körper von 11 000 Toten aus nur zwei der Haftzentren aus Damaskus zeigen. Aber in den meisten Fällen fehlen die Namen. Oder aber die Opfer wurden von ihren Angehörigen nicht identifiziert und stehen nach wie vor auf der Liste der Verschwundenen.

Ende 2014 veröffentlichte das Netzwerk eine Gesamtbilanz der Opfer des Konflikts, die bisher bestätigt werden konnten. »Wir haben festgestellt, dass das Regime 150 Mal mehr Zivilisten getötet hat als der Islamische Staat!«, verkündet Fadel Abdul-Ghany. Das bedeutet, 125 000 Opfer des Regimes gegen weniger als 850 des Islamischen Staates. Dieser Unterschied muss in drei Punkten relativiert werden: Erstens tötet das Regime seit Beginn der Revolution, während der Islamische Staat erst im April 2013 auf der syrischen Bildfläche erschien. Zweitens hat das SNHR besseren Zugang zu Informationen über Opfer des Regimes als über Opfer der Dschihadisten. Drittens handelt es sich um eine Auflistung ausschließlich ziviler Opfer und es ist denkbar, dass der Islamische Staat in größerem Maße das Militär angreift, während die Repressionen des Regimes gezielt auf die Zivilbevölkerung ausgerichtet sind. Aber selbst wenn diese drei Annahmen zutreffend sind und die Proportionen der Opferbilanz relativieren, so widersprechen sie doch nicht dieser Schlussfolgerung: Die Sicherheitskräfte Syriens verüben heute bei Weitem die meisten Morde und stellen immer noch die größte Bedrohung für die Bevölkerung dar. Das entspricht auch der gefühlten Angst der Syrer. Eine politische Lösung kann es daher nur geben, wenn dieser Angst und dem Schutzbedürfnis Rechnung getragen wird.

»Die Menschen haben ein Recht darauf, geschützt zu werden, in Sicherheit zu sein«, bekräftigt Fadel Abdul-Ghany. »Niemand schützt sie. Der Krieg und das Töten gehen weiter.« Als militanter Verfechter der Menschenrechte zeigt er den Widerspruch in den westlichen Reden vom Schutz der Zivilbevölkerung, die sich nur gegen den Islamischen Staat richten und die Verbrechen des Regimes ausblenden. »Wenn man sich nur auf den Islamischen Staat konzentriert, dreht man seiner [des Regimes] Verantwortung den Rücken zu, aber auch den Schritten und tatsächlichen Maßnahmen, die das Regime eingeleitet hat. Das Regime hat faktisch eine Säuberung begangen. Wenn solche Gewalt in irgendeinem anderen Land stattfände, in Frankreich beispielsweise, und die ganze Welt schaute zu und verurteilte sie, ohne etwas zu tun, dann würde sich auch dort ein Teil der Bevölkerung radikalisieren, den Extremisten anschließen und die Gewalt mit Verbrechen beantworten. Ich befürchte, es werden noch extremere Gruppen als der Islamische Staat in Erscheinung treten.«

Das Regime kennt unser obsessives Starren auf die Dschihadisten nur zu gut und spielt sich perfekt darauf ein. Ist es Zufall, dass jede barbarische Orgie des Islamischen Staates von doppelter Gewalt durch die Armee begleitet wird? Die Vorstadtviertel von Aleppo wurden nie so heftig bombardiert wie in den Tagen, als Videos mit der Enthauptung von Geiseln publik wurden. Am selben Tag, als die Welt den Kopf von Peter Kassig sah – einem zivilen Helfer, der zum Islam konvertiert war und dessen größter Fehler sicher darin bestand, zu vertrauensselig gewesen zu sein –, fand man in einem Massengrab in der Nähe von Homs die Leichen von 381 Menschen – Männer, Frauen, Kinder, Bewohner des Stadtviertels Baba Amr. Sie alle wurden von den Milizen des Regimes umgebracht. Aber wer hat von ihnen gesprochen? Solange unser Denken von der dschihadistischen Gefahr beherrscht ist, bleibt die mediale Aufmerksamkeit auf andere Opfer als diese gerichtet. Und das Regime setzt umso mehr Gas ein und foltert umso schlimmer.

Reden wir von Folter. Seit der Regierungszeit von Staatspräsident Hafiz al-Assad hat sich Syrien als ein Land hervorgetan, das im weltweiten Vergleich sehr häufig Folter einsetzt. Bassam al-Ahmad ist einer der Verantwortlichen der NGO »Dokumentationszentrum Gewalt in Syrien« (»Violations Documentation Center in Syria«, VDC), das mehrere Berichte zur Gewalt, die regelmäßig gegen Häftlinge eingesetzt wird, veröffentlicht hat. »Wir haben fast 57 000 Fälle von Häftlingen und 2300 Fälle von Verschwundenen dokumentiert«, erklärt er. »Es gibt allein in Damaskus Hunderte Gefangenenlager. Jede der vier syrischen Sicherheitseinheiten hat ein Netz von geheimen Gefängnissen. Über 90 Prozent der Gefangenen, von denen wir Kenntnis haben, wurden gefoltert.«[50] Bassam al-Ahmad war selbst im Frühjahr 2012 drei Monate inhaftiert. Er schätzt sich glücklich, nach eigenen Angaben, nur »leichte Folter« erlitten zu haben.

Das VDC hat im November 2013 einen erschreckenden Bericht[51] über die Folterpraktiken in den beiden Spezialgefangenenlagern von Damaskus, die dem Militärgeheimdienst unterstehen, veröffentlicht. Darin heißt es, dass das Regime im beginnenden dritten Jahr der Revolution neue Methoden entwickelte, um die Körper und den Geist seiner Gefangenen zu brechen. In den beiden von der VDC untersuchten Lagern wurden Tausende Leichen von Menschen, die unter der Folter starben, notdürftig begraben. Der Bericht zitiert namentlich den Menschenrechtsaktivisten Mohammed Mustafa Darwich, der südlich von Damaskus festgenommen wurde, als er dabei war, Flüchtlingen zu helfen.

Mohammed wurde in die Abteilung 215 gebracht, auch »Abteilung der Hölle« genannt. Es handelt sich um eine Gemeinschaftszelle von 6 Metern mal 20 Metern im zweiten Untergeschoss, die früher als Schießübungsraum genutzt wurde. Dort war er mit ungefähr 440 anderen Gefangenen eingesperrt. Die Zelle dient der Konditionierung, mit langwierigen Sequenzen kollektiven Auspeitschens. In diesem Stadium finden keine Verhöre statt, keine Anklage, niemand erklärt ihm die Gründe seiner Inhaftierung. Es ist nur eine Durchgangsstation: Er bleibt eine Woche dort, um »getrimmt« zu werden. Am Ende wird Mohammed von seinen Mitgefangenen Abou Zreik, »der Blaue«, genannt. Er ist eine einzige Schwellung. Dann wird er in einen Einzelverhörraum gebracht, völlig nackt, nur mit einer schmalen Augenbinde aus Stoff. Derjenige, der ihn verhört, stellt sich als hochrangiger Offizier vor. Er verprügelt und beschimpft ihn. Dann beschuldigt er ihn, in Besitz »terroristischen Materials« zu sein. Man lässt ihm eine zweitägige Atempause, bevor er wieder in den Verhörraum geführt wird. Diesmal notiert man seine gesamten persönlichen Informationen, dann setzt die Folter wieder ein. Ein langer qualvoller Tunnel von vier Tagen ohne Unterbrechung. Die vier Folterknechte lösten sich ständig ab. Während der restlichen Haftzeit erleidet Mohammed vor allem Schläge, lange Phasen des »Aufhängens«, davon drei Tage, an denen er an einem Fuß von der Decke hängt, verschiedene Arten des Ersticktwerdens, besonders mit einer Plastiktüte. Er muss stunden- und tagelang in seinen Exkrementen hocken, bekommt fast nichts zu essen. Die Wachen hatten außerdem eine »Fahrradmarter« erfunden, die mit dem Zahnrad eines Fahrrads, das an einer Mauer befestigt wurde, den Rücken der Gefangenen aufkratzte. Am Ende seiner Haft stimmte Mohammed allen ihm vorgeworfenen Anklagepunkten zu.

Ein weiterer Bericht der NGO, für die Bassam al-Ahmad tätig ist, betrifft den wiederholten Einsatz von chemischen Waffen[52] durch das Regime, obwohl es eigentlich nach dem

Angriff auf Ghouta im August 2013 dem Abrüstungsabkommen zugestimmt hatte. Richtig ist, dass das Regime – um die internationale Gemeinschaft nicht zu sehr zu provozieren – seitdem hauptsächlich Chlorgas eingesetzt hat, dessen Einstufung als chemische Waffe umstritten ist. Der Einsatz chemischer Waffen in kleinen Dosen bleibt an der Tagesordnung, trotz des internationalen Rechts und der anderslautenden Erklärung der Regierung in Damaskus. Und dennoch lehnt es der Menschenrechtsaktivist ab, polemisch zu werden: »Sicher, wenn Sie sich nur die Zahlen ansehen, ist das Regime sehr viel todbringender. Aber als Verteidiger der Menschenrechte schauen wir auf die Taten. Für uns ist ein Verbrechen ein Verbrechen.«[53]

Dem stimmt auch Donatella Rovera zu. Sie ist als Sonderbeauftragte für Krisenreaktionen bei Amnesty International in den letzten Jahren mehrfach im Irak und in Syrien gewesen, um Menschenrechtsverletzungen zu untersuchen. Sie betont, dass, wie in allen Konflikten, Verbrechen auf jeder der beteiligten Seiten begangen würden, davon seien auch die »Gemäßigten« nicht ausgenommen: »Die Ausmaße sind immer beträchtlich. Es ist klar, dass es mehr Tote durch das Regime gibt, weil es Bombenangriffe einsetzt, die ganze Familien auslöschen. Aber ich hatte seit Beginn der Revolution auch endlose Diskussionen mit der Opposition zur Frage der Militarisierung des Konflikts und der Tatsache, dass sie ›unsaubere Aktionen‹ akzeptieren, wie sie es nennen. Selbst vonseiten der Gemäßigten kam es schon früh zu sehr gewaltsamen und völlig inakzeptablen Praktiken wie Folter und Massenerschießungen, wie die Hinrichtung der Familie Berri während des Kampfes um große Teile der Stadt Aleppo.«[54]

Wenn man die Ansicht vertritt, dass die sich ausbreitende Gewalt und dass Mord immer inakzeptabel sind, kann man die Zahl der Opfer nicht ignorieren.

6. Syrien, Irak:
Zwei Länder, ein Schicksal

Die irakische und die syrische Krise sind miteinander verbunden. Jede Politik, die darauf abzielt, diese beiden Krisen jeweils einzeln zu »behandeln«, ist zum Scheitern verurteilt.

Man könnte die Geburtsstunde des Islamischen Staates fast auf den Februar 2003 datieren. Damals war ein Colin Powell voller Elan von Regierungschef George W. Bush dazu ausersehen, vor den Sicherheitsrat der Vereinten Nationen zu treten und aller Welt die »Beweise« für die Schuld Saddam Husseins zu liefern, die die Dringlichkeit seines Sturzes rechtfertigten. Unter den Fundstücken – und Gott weiß, dass es Perlen waren, die Colin Powell an jenem Abend dem ehrwürdigen Auditorium präsentierte – war das »fehlende Glied in der Kette«: der Mann, der eine Verbindung zwischen Osama bin Laden und Saddam Hussein herstellte. Jener Mann, der es dank der erstaunlichen rhetorischen Elastizität der Bush-Ära ermöglichte, den Irak mit dem »weltweiten Kampf gegen den Terrorismus« zu verbinden.

Dieser Mann hieß Abu Mussab al-Sarkawi. Halten wir uns nicht mit den faktischen Fehlern auf. Richtig ist, dass al-Sarkawi tatsächlich eine sehr viel konfliktreichere als komplizenhafte Beziehung zu Osama bin Laden unterhielt. Vergessen wir, dass er nichts mit Saddam zu tun hatte, da er sich in der Gebirgsregion Sulaimaniya versteckt hielt, einer autonomen kurdischen Provinz, die sich jeglicher von Bagdad ausgehenden Autorität entzieht. Aus dem einfachen Grund, den Krieg gegen den Terrorismus zu »personalisieren«, ihn der öffentlichen Meinung »besser verkaufen« zu können, wurde ihm medial ein Gesicht gegeben. So hat der amerikanische Staatssekretär eine Legende gestrickt und einen zweitrangigen Dschihadisten, einen Außenseiter im weltweiten Organigramm der al-Qaida in einen wirkungsvollen Herausforderer für Osama bin Laden verwandelt. Der Herausforderer wurde so mächtig, dass er eine eigene Organisation, den Islamischen Staat, gründete, der heute sicherlich die größte Bedrohung für al-Qaida darstellt.

Um die Verflechtung der Krisen zu verstehen, muss man die irakische Geschichte seit der Invasion aufrollen und besonders sein Führungssystem, sowie die Entwicklung des Widerstands gegen die Invasion betrachten. Für die Vereinigten Staaten gestaltete sich die Besetzung des Irak von Anfang an als schwierig. Während andere Medien über die Kräfte der irakischen Armee schwadronierten, wies ich in meinen Reportagen beharrlich auf die Erschöpfung der Zivilbevölkerung hin. Die irakische Gesellschaft, schwer gebeutelt durch mehr als zwei Jahrzehnte Krieg und Sanktionen, war dabei, zusammenzubrechen.[55] Saddam war sich dessen bewusst geworden und hatte in den letzten Monaten seiner Herrschaft Moslems der ganzen Welt dazu aufgerufen, in den Irak zu kommen, um gegen den Invasor zu kämpfen.

Der Dschihadismus existierte im Irak erst mit der Bedrohung durch die Vereinigten Staaten. Ab dem 7. April 2003 sehe ich in den Straßen Bagdads keinerlei Spuren des irakischen Regimes mehr. Die Einzigen, die mehr schlecht als recht weiterkämpfen und versuchen, die GIs am Betreten der Stadt zu hindern, sind Dschihadisten. Sie verfolgen die Panzer mit Panzerabwehrgranatwerfern (RPG), indem sie in den leergefegten Straßen und im Schilf am Ufer des Tigris Verstecken spielen. Unter ihnen sind bereits damals Syrer, aber auch Palästinenser, Jemeniten, Ägypter …

Sie nehmen mich ohne Argwohn auf und erlauben mir, sie zu begleiten. Ab dem 8. April wundere ich mich, dass sie nach beiden Seiten schießen. Eine Salve auf die Amerikaner, die in die Stadt eindringen, eine Salve auf mit Irakern beladene Pick-ups. Ich erkenne, dass diese Pick-ups Schiiten transportieren, die zu plündern anfangen. Die erste glaubensgemeinschaftlich bedingte Schwachstelle. Dann finde ich mich auf dem Ferdous-Platz wieder. Dort erhebt sich die berühmte Saddam-Hussein-Statue, über die nun Dutzende Iraker herfallen und denen sich bald auch amerikanische Soldaten mit einem gepanzerten Kran anschließen. Ich bin irritiert durch die Schreie und Rufe der Massen. Ich meine den Vornamen Ali herauszuhören. Ich bitte einen Iraker, mir zu erklären, was die herbeiströmenden Menschen skandieren. »Wir werden Imam Ali nie vergessen!«, antwortet er mir. Es handelt sich um eine der meistverehrten Persönlichkeiten der Schiiten. Ich glaube ihm nicht, bitte ihn, das Gesagte zu wiederholen. Aber es stimmt, was ich gehört habe. Während die Reporter der ganzen Welt sich für die Euphorie der Iraker begeistern, die angeblich das Ende der Diktatur und den Beginn der Demokratie feiern, bleibe ich sprachlos. Ich male mir das eintretende Desaster aus. Wie können wir verhindern, dass das Ganze sich in eine ausgedehnte religiös motivierte Racheaktion verwandelt?

Zur gleichen Zeit wurde der amerikanische Präsident George W. Bush auf dem Umweg eines Fernsehinterviews unvorbereitet mit derselben Frage konfrontiert und musste eingestehen, dass er den Unterschied zwischen Sunniten und Schiiten nicht kannte. Eine haarsträubende, wenn auch aufschlussreiche Unkenntnis. Die Ausgangslage der verschiedenen Gemeinschaften war den Amerikanern weitgehend unbekannt, sowohl dem Militärapparat als auch dem Geheimdienst und der zivilen Übergangsverwaltung der Koalition im Irak, der CPA (»Coalition Provisional Authority«), völlig ideologisiert und weltfremd, unter der Leitung eines verächtlich auftretenden Paul Bremer.

Der einzige Amerikaner, der merkte, dass man sich auf die irakischen Gemeinschaften einstellen musste, war sicherlich David Petraeus, Kommandeur der 101. Luftlandedivision und in dieser Funktion Beauftragter der Besatzungstruppen in Mosul.[56] Als aufmerksamer Leser des französischen Strategen David Galuga, der den Krieg gegen Aufständische am Beispiel des Algerienkriegs theoretisiert hat, lässt sich der General von dem inspirieren, was man bestenfalls aus der Kolonialerfahrung Frankreichs lernen kann. Während der 1920er Jahre hatte die Französische Republik, angeblich so laizistisch und säkular, die ethnischen und glaubensgemeinschaftlichen Trennungen in Syrien und dem Libanon institutionalisiert und darauf seine Mandatsmacht gestützt. Petraeus wendet also das koloniale Erbe Frankreichs an und beruft einen örtlichen Rat in Mosul ein, dessen Besetzung sich nach dem jeweiligen Proporz in der Stadt richtet. Die Versammlung besteht aus 24 Mitgliedern und spiegelt die ethnische Zusammensetzung der Region wider: sunnitische Araber, Kurden, Turkmenen, Christen, Jesiden. Die Presse beweihräuchert seine Idee, die alle für genial halten. »Endlich jemand, der die ethnologische Situation des Irak verstanden hat!«, hört man. Dabei hat er lediglich dazu beigetragen, das Gift der Parallelgesellschaften noch ein wenig mehr in den sozialen Körper des Irak einzuimpfen.

Die amerikanische Besatzungsmacht kann dem Fluch, dass der Westen im Mittleren Osten durch eigene Fehler seine Feinde selbst hervorbringt, nicht entgehen. In diesem Fall waren es zwei frühe Entscheidungen des Zivilverwalters Paul Bremer, die die Geburtsurkunde für die Aufstände im Irak besiegelten. Es handelt sich um Entscheidungen in Form von Kolonialverordnungen, sogenannten *executive orders*.

Nummer eins: Auflösung der Baath-Partei und Ausschluss all ihrer Mitglieder aus der Verwaltung. Nummer zwei: Zerschlagung der irakischen Armee. So nachvollziehbar es war, nach der Diktatur Saddam Husseins die irakischen Eliten erneuern zu wollen, verfolgte die Entbaathifizierung letztlich nepotistische Ziele. Sie beabsichtigte vor allem, eine neue Klasse in den Machtapparat einzuschleusen, die den neuen Machthabern nahesteht und deren Mitglieder fast alle im Schlepptau der Besatzer aus der Diaspora zurückgekehrt waren. Die Aktion schoss über ihr Ziel hinaus, denn sie machte massenhaft Funktionäre arbeitslos, die sich nicht durch besondere Loyalität gegenüber dem gestürzten Regime hervorgetan hatten, die aber mit ihrer Erfahrung notwendig gewesen wären, um das Weiterfunktionieren des Staates zu gewährleisten.

Die Zerschlagung der Armee brachte außerdem Schande über eine größtenteils sunnitische Militärelite, die unter den Generalverdacht gestellt wurde, Kriegsverbrechen begangen zu haben, obwohl sie größtenteils nicht in Kampfhandlungen verwickelt war, als amerikanische und britische Truppen in

Bagdad einmarschierten. Unehrenhaft entlassen, saßen die Soldaten nun beschäftigungslos zu Hause, zu einem Zeitpunkt, als der Irak – angesichts von Massenplünderungen, zerstörter öffentlicher Infrastruktur von Gebäuden der Ministerien bis hin zu Hochspannungsleitungen, deren Metall auf dem Schwarzmarkt verkauft wurde – vor großen Herausforderungen für die Sicherheit stand.

Unter der Brutalität während der ersten Wochen der Besatzung bilden sich erste Netzwerke, die zur Entstehung eines irakischen Widerstands führen werden. Einem Zauberlehrling gleich, hat die Besatzungsmacht das Rezept für einen explosiven islamo-baathistischen Cocktail gefunden. Die Angriffe häufen sich. Zunächst werden sie von der amerikanischen Armee als Zwischenfälle eingestuft. Hier ein Granatenangriff auf eine Patrouille, dort ein paar hingenommene Schüsse. Die Guerilla nimmt neue Ausmaße an, als Anfang August 2003 die jordanische Botschaft mit einer ferngezündeten Autobombe angegriffen wird, dann vor allem mit dem Angriff auf das Hauptquartier der UN-Mission am 19. August, bei dem der Sondergesandte des UN-Generalsekretärs Kofi Annan, der brasilianische Diplomat Sergio Vieira de Mello, ums Leben kommt. Zu den tödlichen Aktionen bekennt sich Abu Mussab al-Sarkawi. Unmittelbar danach zieht die UNO einen Großteil ihres dort eingesetzten Personals ab und reduziert ihre Operationen drastisch. Im Oktober ist die Delegation des Internationalen Komitees des Roten Kreuzes an der Reihe, Ziel eines Angriffs zu werden. Ab diesem Moment haben die Aufständischen ihre Wette gewonnen. Aus Sicherheitsgründen zieht sich die internationale Gemeinschaft weitgehend aus Bagdad zurück oder verschanzt sich in Bunkern. Sie haben es geschafft, ein Vakuum um die militärische Besatzungsmacht entstehen zu lassen. Von nun an stehen sie sich direkt gegenüber. Der Krieg kann beginnen.

Im Frühjahr 2004, als die Koalition sich darauf vorbereitete, den Jahrestag der Invasion zu feiern, die Übergangsverwaltung CPA aufzulösen und einen Teil ihrer Macht an die erste provisorische Regierung des Irak abzugeben, entflammte der Aufstand. Der Mord an Angestellten des privaten amerikanischen Sicherheitsunternehmens Blackwater und vor allem die Demütigung durch die Verstümmelung ihrer Körper und ihre öffentliche Zurschaustellung führen die Vereinigten Staaten in die mörderische Belagerung der Stadt Falludscha. Zeitgleich eröffnen die Milizen der Mahdi-Armee, der populären und radikalen schiitischen Gruppierung von Muktada al-Sadr, eine zweite Front. Es werden mehrere westliche Geiseln genommen, von denen einige hingerichtet werden. Abu Mussab al-Sarkawi setzt eine Strategie ein, die sich später auch der Islamische Staat zu eigen machen wird.

Auf der politischen Ebene gehen die Sunniten in die Falle des Nichtmitmachens. Sie leiden unter ihrem Verfall, dem Ausschluss aus der Armee und der Baath-Partei, und entschließen sich, die ersten Wahlen zu boykottieren. Ein verhängnisvoller Fehler, denn sie besiegeln damit ihre Marginalisierung, die den Aufstand begünstigen wird. Der Widerstand speist sich ebenfalls aus einer langen Liste der Frustrationen: die strapaziöse Langsamkeit des Wiederaufbaus, die zu einer korrupten Misswirtschaft seltenen Ausmaßes führt, das gewalttätige Sektierertum der Sicherheitskräfte, die selbst im Untergeschoss des Innenministeriums, in dem amerikanische »Berater« ein- und ausgehen, foltern, die Perspektivlosigkeit in einem Land, in dem die Wirtschaft weiterhin stillsteht und die Bevölkerung daran gewöhnt ist, dass der Staat als Beschaffer von Arbeitsplätzen fungiert.

Der Abstieg des Iraks in die Hölle dauerte einige Jahre. Zur »klassischen« Widerstandsbewegung gegen den Besatzer kam eine radikalere, gewalttätigere und vor allem fanatisch anti-schiitische Bewegung. Der Einfluss des irakischen Ablegers von al-Qaida, geführt von Abu Mussab al-Sarkawi, tritt deutlich zu Tage. Die amerikanischen Truppen, verschanzt, schwer gepanzert und heftig auf jede Attacke reagierend, sind nicht ihr Hauptziel. Stattdessen ziehen es die Männer von al-Sarkawi vor, zivile Ziele zu treffen, hauptsächlich schiitische, um Chaos zu verbreiten, noch mehr Repressionen zu provozieren und eine Gewaltspirale in Gang zu setzten, die die Bevölkerung in völlige Verunsicherung stürzt. Al-Sarkawi setzt längst nicht so viele Mörsergranaten gegen amerikanische Stützpunkte ein, wie er ferngezündete Autobomben auf Märkten, in schiitischen Armenvierteln explodieren lässt und den Hass unter den verfeindeten Gruppen schürt. Mit einem Erfolg, der alle Hoffnungen übersteigt.

Der Sprengstoffanschlag auf den al-Askari-Schrein, die »Goldene Moschee« der Schiiten in Samarra, am 22. Februar 2006 löste eine Welle umfangreicher Repressionen aus. Der Irak gleitet in den Bürgerkrieg ab. Die amerikanische Armee ist ratlos, verzichtet darauf, sich zwischen die Fronten zu stellen und begnügt sich damit, immer mehr Mauern durch die Stadt zu ziehen. Die Stadtlandschaft von Bagdad, seinen Vororten und zahlreichen anderen irakischen Großstädten bekommt Risse und wird von sogenannten »T-walls«, Betonmauern von vier Metern Höhe, durchzogen, die die Viertel der verschiedenen Gemeinschaften voneinander trennen. Die Amerikaner verbarrikadieren sich. Die irakische Regierung verschanzt sich im Areal der grünen Zone von Bagdad, abgeschnitten von den realen Zuständen, die in ihrem Land herrschen. Al-Qaida ist dabei, ihre Wette zu gewinnen.

Dann kommt die sogenannte »Surge« (engl. für Welle) zum Einsatz, eine von David Petraeus erdachte strategische Neuausrichtung. Petraeus war von George Bush aus Mangel an Alternativen das Kommando über die Expeditionstruppen im Irak übertragen worden. Die Idee ist es, eine Rosskur anzuwenden: Die Truppenstärke im Irak wird massiv aufgestockt, so dass der Soldatenbestand die 150 000 erreicht. Die Verstärkung, fast ausschließlich auf die Provinzen Bagdad und al-Anbar beschränkt, dient dazu, die Strukturen der Aufständischen zu zerstören und den interkonfessionellen Gemetzeln vorzubeugen, um letztendlich Bedingungen zu schaffen, die dem amerikanischen Kontingent den kompletten Rückzug und das erfolgreiche Ende der Mission ermöglichen. Mehr noch als die Verstärkung der Truppen hat der zweite Teil des Plans von David Petraeus sichtbare Ergebnisse geliefert: Es wurden durch Vermittlung ihrer Scheichs Abkommen mit den lokalen Stämmen geschlossen, die offiziell dafür bezahlt wurden, gegen al-Qaida zu kämpfen. In der Praxis handelte es sich größtenteils um Gruppen, die dem Widerstand angehörten und die nun einen Lohn von ihrem ehemaligen Feind erhielten, um ihn nicht mehr zu bekämpfen! Diese gewagte Kriegsstrategie zeigte, dass die Aufständischen über eine schwache politische Basis verfügten: Ihre Motive waren in erster Linie wirtschaftlicher Natur. Die irakische Bevölkerung war daran gewöhnt, dass der Staat finanzielle Unterstützung gewährt.

Die von der Besatzungsmacht erzwungene Liberalisierung der Wirtschaft und die Marginalisierung der Sunniten durch die Regierung hatten dazu geführt, dass die Menschen ihre Einnahmequellen verloren. Die Einführung von Sahwas – das arabische Wort bezeichnet einen »Erweckungsrat«, eine Art sunnitische Bürgerwehr – hatte einen gravierenden Einfluss auf al-Qaida, deren Anhängerzahl und Einflussgebiet wie Schnee in der Sonne schmolz. Jedenfalls war es für die amerikanische Armee eine neue Erkenntnis, zu sehen, dass man angesichts eines hartnäckigen Gegners zwei Möglichkeiten hat: Man kann ihn bekämpfen, ja, man kann ihn aber auch … bezahlen. Und die zweite Möglichkeit erweist sich manchmal als weniger kostspielig!

Ich hatte zwischen 2008 und 2011 im Irak vielfach Gelegenheit, amerikanische Truppen im Rahmen von sog. Embedments, »eingebetteten Reportagen«, zu begleiten. Ich traf dabei auf oft wohlwollende, aber oft auch naive und desillusionierte Soldaten, die in der Regel fern jeglicher Realität vor Ort waren. Eine ihrer Aufgaben war es, irakische Soldaten auszubilden, die gar keine Ausbildung brauchten. Es ist nicht die militärische Ausbildung, an der es der irakischen Armee am meisten fehlt. Was ihr fehlt, ist der Treueeid auf den Staat, das Engagement, irgendeine Nation zu verteidigen. Es ist geradezu ein Missbrauch des Wortes, von einer irakischen Armee zu sprechen. Sie sollte besser als ein Amalgam von Milizen definiert werden, die sich auf der Basis der konfessionellen Zugehörigkeit gebildet haben. Selbst zehn Jahre nach ihrer Gründung bleibt diese Armee ein großer, bunt zusammengewürfelter Haufen von schiitischen und kurdischen Milizen. Als die letzten Boys den Irak verließen, war ich erstaunt von der Fähigkeit der Iraker, sich um sich selbst zu kümmern. Polizisten und Soldaten wurden Besatzer ihres eigenen Landes. Sie nahmen den Platz der Koalitionsstreitkräfte in den Straßen ein, identisch gekleidet, mit derselben Ausrüstung und vor allem mit demselben Verhalten. Diese Sicherheitskräfte machten sich einen Spaß daraus, in jeglicher Hinsicht die Aufmachung, die Allüren und selbst die Macken der amerikanischen Armee nachzuäffen.

So wie sie früher ihre Verbündeten in Afghanistan nach dem Abzug der Sowjets im Stich ließen, so wuschen die Vereinigten Staaten nach ihrem Rückzug aus dem Irak auch nun wieder ihre Hände in Unschuld. Was zählt, dachten sie, ist das eingehaltene Versprechen Obamas, die Boys nach Hause zu holen. Für das Weiße Haus zählte nur diese Tatsache. Doch der Abzug der Truppen gestaltete sich so wie bereits die Invasion und die Besatzung: hingeschludert. Die Sunniten, die sich so sehr gegen die Besatzungsmacht gewehrt hatten, sahen die Truppen abziehen – und es versetzte ihnen einen Stich ins Herz. Denn sie begannen zu verstehen, dass die amerikanische Politik letztendlich ein nützliches Gegengewicht gegen einen autoritären und sektiererischen Nuri al-Maliki gebildet hatte.

2010 setzt der Ministerpräsident die Entbaathisierung, deren Aufhebung der Staatssekretär erwirkt hatte, wieder in Gang, um die Konkurrenz bei den Wahlen zu disqualifizieren. Die Maßnahme zielte vor allem darauf ab, die interkonfessionelle al-Iraqia-Wahlliste zu schwächen. Nach den Wahlen lehnte er es ab, die Macht zu teilen, und beanspruchte die Ressorts Verteidigung und Innenpolitik für sich. Außerdem löste er systematisch die Sahwas, das Haupterbe der Amerikaner, wieder auf. Im Rückzugsvertrag, als die Amerikaner sie ausgewählt hatten, war festgelegt, dass sie anfangs direkt von den amerikanischen Steuerzahlern entlohnt werden sollten. Aber dieser Prozess war eigentlich an die Aufnahme eines großen Teils der Anti-al-Qaida-Milizen in die Reihen der irakischen Sicherheitskräfte geknüpft. Die Eingliederung einer Million Sunniten sollte auf diese Weise dauerhaft sichergestellt werden. Offensichtlich hatte al-Maliki weder die Absicht, den Sunniten wieder mehr Gewicht in seinem Sicherheitsapparat zu geben, noch die Ressourcen des Staates allzu weit über die Grenzen seiner Gemeinschaft hinaus zu verteilen. Die meisten Mitglieder der Sahwas wurden entlassen. Fast zehn Jahre nach der Zerschlagung der irakischen Armee hat die faktische Demobilisierung der Sahwas ähnliche Konsequenzen: An den Rand gedrängt, isolieren sich die Sunniten auf dem politischen Spielfeld und geraten in die Versuchung, den bewaffneten Kampf und mafiöse Praktiken wieder aufzunehmen.

Der französisch-irakische Journalist Feurat Alani beschreibt sehr treffend die zunehmende Isolierung al-Malikis, der in einen sektiererischen Autoritarismus abdriftet. »Aus Misstrauen gegenüber den Sunniten schließt er sie von der Macht aus. Aber da er der populären radikal-schiitischen Gruppierung um Muktada al-Sadr ebenso misstraut, versucht er die nationalistische Karte zu spielen. Doch das funktioniert noch immer nicht, denn die Kurden haben Angst davor. Also bleibt ihm nur die Gewalt, um im Amt zu bleiben. Allein gegen alle.«[57]

Der Beginn des Arabischen Frühlings stößt in Bagdad auf besondere Resonanz. Auch hier sehnen sich junge Menschen, genährt durch den intensiven Austausch über soziale Netzwerke, nach Demokratie. Die neue Generation hofft außerdem, sich aus den religiösen Parallelgesellschaften zu befreien.

Al-Maliki reagiert mit Despotismus. Er setzt sein gesamtes Arsenal an Anti-Terror-Gesetzen ein, um die Protestbewegung mundtot zu machen: Die Oppositionellen werden unter Berufung auf den Ausnahmezustand verhaftet und eingesperrt, mehrere werden zum Tode verurteilt, Reisen in einige Teile des Landes sind nur mit einer Genehmigung möglich, ausländischen Medien wird der Aufenthalt in der Provinz al-Anbar verboten. Die Demonstrationen weiten sich aus und werden erwartungsgemäß von den Ordnungskräften niedergeschlagen. Die demonstrierenden Mitglieder der Stämme im Westen des Landes, die gelegentlich den Sahwas angehörten, verurteilen die konfessionelle Haltung von al-Maliki. Sie werden mit Schüssen auseinandergetrieben. Eine bekannte und schrecklich vorhersehbare Entwicklung setzt sich in Gang: Die demokratischen Kräfte werden an den Rand gedrängt, die Opposition radikalisiert und bewaffnet sich und provoziert in Ramadi und Falludscha ihre Macht und Gewalt. Die Sunniten »konfessionalisieren« ihren Protest und stellen sich gegen die Unterstützung, die Nuri al-Maliki der syrischen Revolution im Namen der schiitischen Solidarität gewährt. Die Regierung lässt Milizen über die Grenze nach Syrien, wo sie der syrischen Armee und Polizei im Kampf gegen die Revolutionäre assistieren. Viele von ihnen sind Mitglieder der Extremistengruppe Asa'ib Ahl al-Haqq und Anhänger von Muktada al-Sadr. Im Laufe des Jahres 2013 verschärfen sich die Repressionen und al-Maliki agiert schließlich »à la Baschar«: Helikopter der irakischen Armee – einer Armee, die die Amerikaner vorgeblich nach demokratischen und die Menschenrechte anerkennenden Prinzipien wieder aufgebaut haben – beginnen zivile Gebiete mit TNT-Fässern zu bombardieren, genauso wie es die syrischen Helikopter in Aleppo oder in den Vorstädten von Damaskus machen.

Unter diesen Umständen beschließt der Islamische Staat im Frühjahr 2013 eine Übernahme der al-Nusra-Front zu starten. Ein junger europäischer Dschihadist, der zu meinen Kerkermeistern gehörte, hat sich bemüht, mir die Legitimität dieser Operation verständlich zu machen und vertrat die These, dass die al-Nusra-Front lediglich ein Zweig dessen war, was der Islamische Staat zu dieser Zeit im Irak darstellte, und dass die Fusion erst in dem Moment eingeleitet wurde, als Abu Mohammed al-Golani, Anführer des offiziellen al-Qaida-Ablegers, zu laut davon sprach, das Weite suchen zu wollen.

Aber der Konflikt zwischen Abu Bakr al-Baghdadi und al-Golani, der schließlich Ayman al-Zawahiri um Rat fragte und von ihm Recht bekam, zeigt, dass es sich um einen Wettstreit zweier Gruppen handelt, die sehr viel eher Konkurrenten als Partner sind. Als sich allerdings die Trennung abzeichnet und ab Mai die lokalen Emire der al-Nusra-Front aufgerufen waren, entweder ihren Treueeid auf al-Golani zu wiederholen oder sich im Gegenteil dem Islamischen Staat anzuschließen, versuchen beide Bewegungen eine gute Figur zu machen. In einer konservativen Familie hinterlässt eine Scheidung jedoch immer Unordnung. Die beiden einstigen Partner enden erwartungsgemäß im Streit um die Verteilung ihres gemeinsamen Besitzes, was sie während des Winters in einen bewaffneten Kampf führt. Die Beziehungen zwischen der al-Nusra-Front und dem Islamischen Staat sind bis heute kompliziert. Man kann sie zusammenfassend als Konkurrenzbeziehung bezeichnen, mit gelegentlichen Kämpfen, aber auch hier und da mit Allianzen. Wie immer und überall wird das Verhalten mindestens in ebensolchem Maße von den Umständen vor Ort wie von den Anweisungen des Generalstabs bestimmt.

Abu Bakr al-Baghdadi muss man nach den zahlreichen Presseartikeln, die seiner Person gewidmet waren, kaum noch vorstellen. Er soll 1971 in Samarra nördlich von Bagdad geboren worden sein. Er hat anscheinend an der Universität Bagdad ein Diplom in Islamwissenschaft erworben. Er leitete ein juristisches Komitee des Scharia-Rates der Mudschahedin, einem Zusammenschluss aufständischer irakischer Islamisten. Was man vor allem seinem Werdegang entnehmen sollte, ist seine sehr wahrscheinliche Inhaftierung im Camp Bucca, einem der Hauptgefangenenlager des amerikanischen Militärs in der Wüste an der irakisch-kuweitischen Grenze. Die vorhandenen Informationen (fast sollte man sagen Gerüchte, so dünn sind die zugänglichen Information zu dieser Person) verzeichnen entweder eine Inhaftierung zwischen Februar und Dezember 2004 oder von 2005 bis 2009. Egal, was davon stimmt, Fakt ist, dass mehrere Mitglieder des Generalstabs des Islamischen Staates »Veteranen« aus Camp Bucca sind. Ich habe feststellen können, dass einige Dschihadisten, die ich getroffen habe, eine Zeitlang inhaftiert waren. Selbst einer der Hauptverantwortlichen für meine Geiselhaft, ein Iraker, pochte darauf, während seiner Jahre in der anti-amerikanischen Guerilla in Haft gesessen zu haben. Ein anderer Kerkermeister behauptete sogar, jahrelang in Guantanamo Häftling gewesen zu sein. Die Gefängnisse des syrischen Regimes wie die Internierungslager der amerikanischen Armee im Irak waren letztlich für viele eine gute »Dschihad-Akademie«.

Die Ausgangslage ändert sich, als große Teile des irakischen Territoriums dem Islamischen Staat in die Hände fallen.

Die Eroberung von Mosul einige Tage nach dem Debakel der Armee wirkt wie ein Elektroschock. Ned Parker, Bagdad-Korrespondent für die Nachrichtenagentur Reuters und vielleicht derjenige westliche Journalist, der seit dem amerikanischen Einmarsch die längste Zeit im Irak verbracht hat, berichtet ausführlich[58] vom Kampf um die nordirakische Metropole: »Während die Kämpfer des Islamischen Staates vor Tagesanbruch des 6. Juli auf Mosul losstürmten, hofften die Dschihadisten allenfalls ein Stadtviertel für einige Stunden zu erobern. Das berichtete mir später ein Freund in Bagdad. Sie erwarteten keinesfalls, dass die Kontrolle des Staates zusammenbrechen würde. Zu Hunderten drangen sie in die fünf Distrikte vor und sie entwickelten sich innerhalb weniger Tage zu einer 2000 Mann starken Kraft, die von den wütenden sunnitischen Stadtbewohnern empfangen wurden.« Nachdem die Kampfhandlungen einige Tage gedauert hatten, gerieten die Militärs in Panik und flüchteten. Dabei ließen sie ihre Waffen und selbst ihre Uniformen zurück, um die Stadt unbehelligt verlassen zu können. Feurat Alani hat die Reaktion der Bevölkerung in Mosul gut beschrieben.[59] Nicht alle haben die Ankunft der Dschihadisten mit Blumen begrüßt, berichtet er. Aber fast alle haben die Flucht der irakischen Sicherheitskräfte mit Steinwürfen begleitet. Mehr als die Zustimmung zu den Thesen des Islamischen Staates hat die Verzweiflung der örtlichen Bevölkerung der Organisation geholfen, sich zu etablieren. In Mosul wie in Ramadi oder in Falludscha und in anderen syrischen Großstädten stößt man auf dieses Gefühl der Bevölkerung, von den Sicherheitskräften des eigenen Landes besetzt zu sein. Das Versagen der syrischen Armee und Polizei ist umso schlimmer, weil diese Institutionen dadurch jegliche

Glaubwürdigkeit verloren haben, selbst in den Bevölkerungs-gruppen, aus denen sie sich zusammensetzen. In den schiiti-schen und kurdischen Gebieten des Irak und auch in Bagdad breitet sich Panik aus. Die Bevölkerung wird sich der Schwä-che seiner Streitkräfte bewusst. Selbst in den Gruppen, die ihr wohlgesonnen sind, verliert die Armee ihren letzten Rest an Vertrauen. Überall werden in aller Eile Bürgermilizen gebil-det. Schiitische Milizen werden mobilisiert, um Bagdad und mehrere Städte in der Diyala-Region zu schützen, während kurdische Peschmerga ihre Truppenstärke aufstocken, um die Stadt Erbil zu verteidigen.

Was es dem Islamischen Staat ermöglichte, sich so schnell und leicht der Stadt Mosul zu bemächtigen, war außerdem eine seltsame Gelegenheitsverbindung mit ehemaligen baathisti-schen Offizieren der irakischen Armee. Romain Gaillet, der für seine Forschungsarbeit regelmäßig im Kontakt zu Dschi-hadisten steht, beschreibt das ungläubige Staunen ausländi-scher Freiwilliger, die in Syrien gekämpft hatten und für die die Baath-Partei das absolut Böse darstellte, als sie die Grenze überschritten und sahen, wie dermaßen aktiv die alten baa-thistischen Netzwerke innerhalb des Islamischen Staates wa-ren. Das Schimpfwort »Baathist« fiel gelegentlich von »syri-schen« Kämpfern des Islamischen Staates gegenüber ihren »irakischen« Kampfgefährten, zumindest im Scherz. Nach der Eroberung der Stadt Mosul durch die Dschihadisten sah man Portraits von Saddam Hussein sowie von einem seiner wich-tigsten Handlanger und dem Gesicht des Widerstands gegen die amerikanische Besatzung, Ezzat Ibrahim al-Duri, in den Straßen der Stadt. Ein überraschendes Nebeneinander, Seite

Im November 2014 veröffentlichte Sam Dagher eine Reportage im *Wall Street Journal*, die nach seinem Aufenthalt in den kurdischen Gebieten Syriens entstanden war. Es ergibt sich aus den Interviews, die er geführt hatte, dass die PYD dem Westen angeboten hatte, im Kampf gegen den Islamischen Staat zu kooperieren, um im Gegenzug zumindest faktische Anerkennung für die autonome Verwaltung, die sie im Nordirak aufgebaut hat, zu erlangen. Diese Verwaltung hatte begonnen, eigene Gerichte einzusetzen, selbst Gesetze zu erlassen, Steuern zu erheben und sogar eigene Nummernschilder auszugeben.

Die autoritäre Partei PYD praktiziert einen Personenkult um ihren Anführer Abdullah Öcalan, der seit 1999 in der Türkei inhaftiert ist. »Es gibt kein Leben ohne den Chef«, verkünden die Plakate in den Baracken und Checkpoints der Gruppe.

Der amerikanische Reporter erinnert daran, dass »sich die PKK und ihre kurdischen Partisanen in Syrien seit Ende 2011, ermuntert und unterstützt durch den Iran, verständigt haben, das Regime nicht anzugreifen und dafür im Gegenzug mehr Macht in den mehrheitlich von Kurden bewohnten Gebieten im Norden Syriens erhalten.« Diese Kollaboration mit dem Regime, obwohl es in seiner Geschichte unablässig die Kurden an den Rand gedrängt hat, führte zu Spannungen mit anderen revolutionären Gruppen sowie zu Kämpfen mit der Freien Syrischen Armee und der al-Nusra-Front.

Im Sommer 2013 hat die PYD schließlich die Rebellengruppen aus der Grenzstadt Ra's al-'Ain vertrieben. Für die Revolutionäre war dies ein weiterer Verrat durch eine Gruppe, deren Verbindung zum Regime sie unablässig anprangern. Ziel der Kurden ist es, ein *Kontinuum* entlang der türkischsyrischen Grenze zu schaffen, um die drei Gebiete – Afrin, Kobane und die Region zwischen Ra's al-'Ain und Qamischli –, die das Regime ihnen abgetreten hat, zu verbinden.

Das politische Projekt wird von Saleh Muslim, Chef der PYD, bestimmt, der selbst aus Kobane stammt. Nach seiner Entlassung aus einem syrischen Gefängnis, wo er mit seiner Frau eingesperrt war, hatte er sich im Exil im irakischen Kurdistan aufgehalten. 2011, einige Wochen nach dem Beginn der Revolution, kehrt er mit Erlaubnis des Regimes nach Qamischli zurück. Das Regime schließt mit ihm einen mehr oder weniger stillschweigenden Pakt der Machtverteilung und des Nichtangreifens. Für Baschar ist es dringend geboten, die kurdische Front einzufrieren, als die Kampfansage vonseiten der arabischen Sunniten kommt.

In den Straßen von Qamischli genauso wie in al-Hasaka sieht man die Fahne des Regimes schwenkende Milizen Seite an Seite mit den Asayîş, den Sicherheitskräften der PYD. Der Vertrag sieht Folgendes vor: Das Regime tritt dem PKK-Ableger die Verwaltung seines Territoriums ab, das damit de facto autonom geworden ist. Im Gegenzug halten sich die Kurden von der Revolution fern und verhindern, dass die Protestbewegung auf dieses Gebiet übergreift.

»Die PYD ist eine bewaffnete Gruppe mit eigener Agenda«, erklärt Bassam al-Ahmad, einer der Verantwortlichen der NGO »Dokumentationszentrum der Gewalt in Syrien«, VDC, der selbst Kurde ist. »Sie haben ihre Politik, die nicht den Erwartungen entspricht. Sie begehen oft Menschenrechtsverletzungen. Wir kämpfen für ein freies Syrien. Ich komme aus Qamischli. Ich kenne dort Verantwortliche in der PYD. Mit einigen von ihnen bin ich befreundet und ich kritisiere sie. Ich halte ihnen vor, dass sie sich oft genauso verhalten wie das Regime. Die meisten kurdischen Menschenrechtsaktivisten in Syrien mussten ihr Zuhause verlassen und leben heute im Exil in Europa oder in der Türkei.«[65] »Die PYD ist wie die Baath Partei«, bestätigt Salem Hassan. »Ihr Skelett sind die Geheimdienste. Es gibt keine Basis. Keine der von ihr organisierten Demonstrationen hat es je geschafft, mehr als einige Tausend Menschen zu versammeln.«

Es zeigt sich, dass die PYD keine gute Presse bei den Demokraten Syriens hat. Ihnen zufolge hat das Einfrieren der kurdischen Front für Assad den Vorteil gebracht, seine Kräfte an anderer Stelle mobilisieren zu können. Selbst für die kurdische Bevölkerung in Syrien ist die PYD keine Partei, die viel Unterstützung erhält. Worin besteht dann ihr Geheimrezept, das es ihr erlaubt hat, ihre Position zu festigen, nicht zuletzt in unseren Medien? Zweifellos in ihrer schon seit Langem andauernden Präsenz im Westen durch die umfangreiche kurdische Diaspora. Die PKK war übrigens immer sehr gut darin, ihren »Sozialismus« zur Schau zu stellen und sich in der Logik des Kalten Krieges als Opfer darzustellen; und zwar vor dem Hintergrund ihres waschechten Laizismus. Resultat: Die alten Stalinisten tragen das Gewand von Demokraten. »Ich wundere mich sehr, dass ein beträchtlicher Teil der europäischen Linken, die gegen eventuelle ›imperialistische Interventionen‹ in Syrien demonstriert haben, als die Vereinigten Staaten und Frankreich nach den Massakern mit chemischen Waffen in Ghouta militärische Aktionen androhten, heute schweigt oder gar für die – vor allem mit direkter militärischer Unterstützung der Amerikaner durchgeführte – Verteidigung von Kobane demonstriert«, bemerkt der Politologe Ziad Majed bitter. »Das ist mehr als nur Schizophrenie, das ist eine Form ethnischer Diskriminierung. Ich glaube, wenn es das Assad-Regime wäre, das Kobane angreift, wären sie nicht für die amerikanische Unterstützung der mutigen Verteidiger der kurdisch-syrischen Stadt.«[66] Der Oppositionelle Yassin al-Haj Saleh nimmt kein Blatt vor den Mund, wenn er unsere angebliche »Solidarität mit Kobane« beschreiben soll: »Man will uns im Fall Kobane eine Lektion erteilen! Das ist Ethnozentrismus! Kommunitarismus! Sie kämpfen an der Seite einer terroristischen Gruppe, dabei lassen sie ein ganzes Volk im Stich!«[67]

Während in Kobane die Kämpfe wüteten, veranstaltete der Verleger Farouk Mardam-Bey in Paris eine Konferenz zur Kurdenfrage in Syrien, ein sensibles Thema, das von zwei prominenten Kurden vor einem größtenteils arabischen oder proarabischen Publikum diskutiert wurde. Der Politologe Hamit Bozarslan bemühte sich zu zeigen, dass der Iran und die Türkei große Verantwortung für die Konfessionalisierung der Region tragen. Er beanstandet besonders die »Frustration der Türkei unter Erdogan, die nicht versteht, warum die anderen Länder in der Region nicht positiv auf ihr Großmachtstreben reagieren.«[68] Sêvê Aydin Izouli, Anwältin für Menschenrechte und ehemals Vertreterin der Damaszener Erklärung, zeichnete ihrerseits die geschichtliche Entwicklung der sich vertiefenden Spaltung zwischen Arabern und Kurden nach. Es hatte zunächst das absurde Projekt eines »Arabischen Gürtels« gegeben. Um die territoriale Einheit der Kurden zu durchbrechen und die syrischen Kurden daran zu hindern, eines Tages einen eigenen Staat gründen zu wollen, hatte das Regime sie auf einem 350 Kilometer langen und 15 Kilometer breiten Gürtel enteignet. In diesem Gebiet wurden nach einem Kolonialmodell in offener Anlehnung an die israelische Kolonisation arabische Bauern angesiedelt. Die Araber dieser Gegend wurden militärisch geschult und mit Waffen ausgerüstet. Aber erst 2004 kommt der Riss zum Vorschein, anlässlich eines Fußballspiels im Stadion von Qamischli, bei dem eine kurdische und eine arabische Mannschaft antraten. Die Gemüter waren bereits durch die Invasion in den benachbarten Irak erhitzt. Die Rufe der Fans verwandelten sich in Slogans. »Nieder mit Barzani!« antwortete auf »Nieder mit Saddam!« Das Spiel endete in einer Massenschlägerei der Fußballfans. Den arabischen Zuschauern soll erlaubt worden sein, mit Stöcken und Messern ins Stadion zu kommen, während die Kurden angeblich am Eingang gefilzt und entwaffnet wurden. Am Abend zählte man mehrere Tote. Wie zu erwarten, entwickelten sich auf kurdischer Seite die Trauerfeiern am nächsten Tag zu Demonstrationen. Das Regime ließ in die Menge schießen. Die kurdische Insel stand in Flammen, während von der Opposition in Damaskus kein Wort zu hören war. Bei Ausbruch der Revolution 2011 war die kurdische Intifada von 2004 immer noch sehr präsent in den Köpfen. Es braucht viel Zeit und Anstrengung, um syrische Kurden und Araber zu versöhnen.

Eine andere Minderheit, zu deren Verteidigung man sich im Westen schnell aufschwingt, sind die Christen. Im Sommer 2014 – unmittelbar nachdem der Islamische Staat die Stadt Mosul eingenommen hatte und mehrere christliche Dörfer im Umkreis der Dschihadistengruppe in die Hände gefallen waren – gab es vor allem in den sozialen Netzwerken des Westens eine Welle der Solidarität mit den Christen des Orients. Eine der ehrenwerten Initiativen war die Kampagne #LigthForIraq, die Menschen im Internet dazu aufrief, Fotos von Lichtern und Kerzen zu posten. Eine andere Initiative geht auf die irakische Journalistin Dalia al-Aqidi zurück, die den arabischen Buchstaben »N« populär gemacht hatte.

Ursprünglich war dieser Buchstabe von den Dschihadisten dafür benutzt worden, die von Christen verlassenen Häuser zu markieren, um sie so für Plünderungen oder für die Übernahme durch Moslems freizugeben. Im salafistischen Alphabet ist es der erste Buchstabe im Wort Nazarener, eine abwertende Bezeichnung für Christen. Dalia al-Aqidi, eine sunnitische Araberin aus Mosul, war schockiert von dieser Stigmatisierung. Im Rahmen der Kampagne für religiöse Toleranz »Wir sind alle Christen« hatte sie begonnen, ein Kreuz zu tragen und den Buchstaben »N« als entfremdetes Stigma zu verwenden. Die beiden »N« in dem arabischen Titel der Kampagne (kuluna masyhiyyoun) sind so gezeichnet, dass sie auf die Farbsprühdosen anspielen, die die Dschihadisten dazu verwendeten, die christlichen Häuser zu markieren.

In einem Interview für den Sender Al-Nahar erklärt die mutige Journalistin die Gründe ihres Engagements: »Der religiöse Pluralismus ist eine Realität im Irak, der Wiege der Zivilisation, der Wissenschaft und der Kultur. Wer sollte noch von der Geschichte und der Zivilisation profitieren, wenn wir in den Obskurantismus zurückfallen? Die Christen gehören zu diesem Land und wir werden nicht ohne sie oder einen ganzen Teil des Iraks vorankommen.« Im gleichen Atemzug kritisiert sie die Anhänger der Takfir, der muslimischen Variante der Exkommunizierung, die bei den Dschihadisten vor allem deshalb so beliebt ist, weil sie damit ihre Morde an Moslems rechtfertigen. »Ihr, die andere als Ungläubige beschimpft, seid

Nichtgläubige, Abtrünnige, Polytheisten. Ihr seid Kopfjäger. Ich bin nur ein einfaches menschliches Wesen, das die Rechte der Kinder seines Landes verteidigt, egal welcher Herkunft und Identität sie sind.«[69]

Ich hatte das Glück, Dalia al-Aqidi einen Monat nach der Lancierung ihrer Kampagne in Beirut zu treffen. Sie war erstaunt, als ich ihr berichtete, wie erfolgreich ihr »N« mindestens in Frankreich in den sozialen Netzwerken war, und schockiert, als sie erfuhr, dass sich auf Identität fixierte, nationalistische und unzufriedene Kräfte jeglicher Couleur ihrer guten Initiative bemächtigt haben, um damit Rassismus und Islamfeindlichkeit zu bedienen. »Wir sollten eine neue Kampagne ins Leben rufen, das ›M‹. Ist das nicht der Buchstabe, der Christen (masihiyyoun) und Moslems (muslimoun) zusammenbringen könnte?« Es ist schon interessant zu sehen, dass, während ich diese Zeilen schreibe, das »N« nicht mehr auf ihrem Twitter- und Facebook-Account zu finden ist.

Sind die Christen in Syrien überhaupt tatsächlich Opfer von Verfolgungen durch Dschihadisten geworden? Der Wissenschaftler Aymenn Jawad al-Tamimi hat eine Studie[70] mit provokantem Titel veröffentlicht. Darin fordert er dazu auf, beim Thema syrische Christen »Realität und Fiktion auseinanderzuhalten«. Er verweist zunächst auf die systematische Überbewertung der Anzahl an Christen in dem Land, teils aus politischen Gründen und teils dem Umstand geschuldet, dass alle beteiligten Akteure ähnliche Interessen verfolgen. Häufig wird der Bevölkerungsanteil mit 10 Prozent angegeben. Seiner Meinung nach liegt er in Wirklichkeit bei ungefähr 5 Prozent. Er lässt dann die Vorkommnisse Revue passieren, die von Medien oder von Aktivisten und Menschenrechtsgruppen berichtet wurden. Das Ergebnis seiner Studie ist eindeutig: »Nichts weist darauf hin, dass es eine von den militanten Islamisten organisierte Kampagne zur Verfolgung der Christen in Syrien gäbe.« Sicher, »Christen waren Opfer von Gewalt mit religiösem Hintergrund«, aber insgesamt nicht mehr oder weniger als andere syrische Glaubensgemeinschaften. Der Politologe warnt vor der »Desinformation«, die das Schicksal der syrischen Christen umgibt, und fordert dazu auf, »nicht der Propaganda des Regimes auf den Leim zu gehen, das es nur darauf anlegt, die Sorge des Westens um die Christen für eigene Zwecke zu instrumentalisieren.«

Die Dschihadisten versuchen ihrerseits nicht allzu sehr in Gewaltexzesse gegen Glaubensgemeinschaften zu verfallen, denn das könnte sich als kontraproduktiv erweisen. So insistieren die Vordenker in ihrem »Strategieplan zur Stärkung der politischen Position des Islamischen Staates im Irak«, der 2010[71] online gestellt wurde, darauf, die Christen nicht zu verfolgen. In Raqqa wurde ihnen im Februar 2014 ein Dhimma-Pakt (»Schutz« der Minoritäten auf islamischem Boden als Gegenleistung für eine »Dschizya« genannte Steuer) angeboten. Dieser Pakt verbietet Diebstahl und Attacken gegen Christen, ihre Häuser und Kirchen und schützt sie gegen diejenigen, die sie zur Konversion zwingen wollen.

Die Christen wiederum sind ihrerseits einer langen Liste von Regeln unterworfen, die alles verhindern sollen, was in Richtung Proselytismus gehen könnte: Bau oder Wiederaufbau religiöser Einrichtungen sind ebenso verboten wie das sichtbare Tragen des Kreuzes, das Beten vor den Augen der Nachbarn, das Läuten der Glocken, das aggressive Handeln gegen den Islamischen Staat, das Beherbergen von Spionen und Feinden, das Verunglimpfen des Islam und das Verhindern der Konversion zum Islam ihrer eigenen Glaubensgenossen. Der Pakt erlaubt ihnen zwar Schweinefleisch und Alkohol zu konsumieren, allerdings nur in privater Umgebung. Dieses Recht ist im Grunde aber nur theoretischer Natur, denn Alkohol wie auch Tabak gelten als Drogen, ihr Konsum wird von den Männern der Hesba, der örtlichen islamischen Polizei zur Bekämpfung der Laster, verfolgt und bestraft. Außerdem sind die Christen dazu aufgefordert, zweimal im Jahr eine recht hohe Jiziya zu zahlen.

Der Pakt trat jedoch kaum je in Aktion. Zunächst aus dem einfachen Grund, dass die meisten Christen unmittelbar nach der Eroberung von Raqqa durch die Dschihadisten die Flucht antraten. Aber auch, weil die Milizen an der Basis deutlich weniger subtil agieren als ihre Anführer, wenn es darum geht, ein respektables Ansehen zu wahren. So wurden beispielsweise sieben Monate nach Veröffentlichung des Dekrets der Dhimma zwei Kirchen in Raqqa entweiht. Die Kreuze auf den Kirchtürmen wurden abmontiert. Eine der beiden Kirchen dient heute dem Islamischen Staat als Predigtzentrum. Sicher ist diese Profanierung nicht hinnehmbar, aber man sollte nicht vergessen, dass seit Beginn des Syrienkonflikts Hunderte, wenn nicht Tausende von Moscheen profaniert oder zerstört wurden. Alle Konfessionen zahlen einen hohen Preis. Es gibt nichts Schlimmeres als den Streit um die Opferrolle und die selektive Empörung. Jenseits der glaubensgemeinschaftlich motivierten Propaganda aller Beteiligten sollte man in erster Linie wieder Toleranz walten lassen.

»ISIS tötet massiv«, erklärt Peter Harling, Regionalverantwortlicher bei der International Crisis Group (ICG) in einem

Interview mit dem französischen Wochenmagazin *Le Point*. »Seine Kämpfer haben außerdem im großen Stil Massenexekutionen innerhalb der arabisch-sunnitischen Stämme durchgeführt und niemand hat einen Ton gesagt. Sie haben alawitische Militärs enthauptet. Nicht zu vergessen alle anderen Schrecken, die von Akteuren verübt werden, die ebenfalls nicht zur Rechenschaft gezogen werden: Das syrische Regime hat den Tod vieler Zivilisten, einschließlich von Kindern durch Unterernährung in eingekesselten Stadtvierteln verursacht. Im Übrigen sehe ich nicht, wie die Luftschläge gegen ISIS, völlig abgekoppelt von jeglichen Maßnahmen gegen die anderen schrecklichen Leiden, die die Region erlebt, die Zukunft der Christen und Jesiden sichern können.«[72]

»Im Falle Syriens gibt es zudem eine ziemlich ungute Fokussierung auf die Minderheitenfrage, die nicht ohne Bezug zur kolonialen Rhetorik des 19. Jahrhunderts ist«, erinnert der Islamexperte Thomas Pierret. »Assad im Namen des Schutzes der Minderheiten zu unterstützen, ist unmoralisch und dumm zugleich. Unmoralisch, weil es bedeutet, dass der Minderheitenschutz das Massaker an Zehntausenden Zivilisten, die Zerstörung ganzer Städte und die Vertreibung von Millionen Menschen durch das Regime rechtfertigt. Mit anderen Worten, das Leben eines Christen oder Alawiten ist mehr wert als das eines Sunniten. Es ist außerdem völlig kontraproduktiv, weil es in den Augen der Sunniten die Verbindung zwischen dem Regime und den religiösen Minderheiten verfestigt und auf lange Sicht deren Zukunft gefährdet. Es sei daran erinnert, dass, unabhängig von den aktuellen Kampfhandlungen, die Demographie unweigerlich dem Assad-Regime in den kommenden Jahren oder Jahrzehnten ein Ende setzen wird: Die religiösen Minderheiten repräsentieren nur noch 20 Prozent der Bevölkerung und ihre Zuwachsrate beträgt in etwa die Hälfte im Vergleich zur sunnitischen Mehrheit. Man kann einwenden, dass Assad durchaus sunnitische Unterstützung hat. Das ist richtig. Allerdings zeigt er sich unfähig, sie in signifikanter Weise in seinen Militärapparat zu integrieren. Was das Regime für sein langfristiges Fortbestehen braucht, sind Männer, die bereit sind, für seine Verteidigung zu sterben. Der hohe Anteil an ausländischen schiitischen Einheiten in der Kampfordnung des Regimes macht deutlich, dass es schon seit langem ein Problem mit seiner Truppenstärke hat.«[73]

Machen wir uns schließlich die Weisheit von Padre Paolo Dall'Oglio zu eigen, der als Jesuit jahrzehntelang in Syrien gelebt hat. Er liebt die Freiheit, die Toleranz. In einem Buch[74] erzählt er, wie er mit den dschihadistischen Kämpfern scherzte, wenn er während der Bombardierungen des Regimes mit ihnen in der Provinz Idlib unterwegs war. Der Priester wusste, wer wirklich der Feind der Christen war. Er wusste auch, dass die fortgesetzten Repressionen gegen die Mehrheit sicherlich die schlechteste aller denkbaren Strategien ist, um die Rechte der Minderheiten zu schützen. Man sollte seiner Weisheit vertrauen, selbst wenn sein Vertrauen missbraucht wurde.

Abuna Paolo ist verschwunden, entführt vom Islamischen Staat.

8. Das Wunder von Dabiq

Die internationale Intervention ist eine Rekrutie-rungskampagne für den Islamischen Staat.
Sie verwirklicht seine apokalyptische Prophezeiung.
Sie schwächt die gemäßigte Opposition und hat zu einem Abdriften der Region in Parallel-gesellschaften beigetragen.

Barak Obama hat alles daran gesetzt, sich aus dem Mittleren Osten zurückzuziehen. Es ging praktisch ums Prinzip, um eine Grundsatzfrage seines Mandats, um eine politische Positionierung. Es war eine heftige Reaktion auf die Interventionen seines Amtsvorgängers. Auf das ständig wiederholte »Los geht's!« von George W. Bush folgte das »Bloß weg hier!« seines Nachfolgers. Im Gegensatz zur reellen, von Frankreich angeführten internationalen Absicht, in Syrien nach den chemischen Bombardierungen auf Ghouta in den Vororten von Damaskus endlich etwas zu wagen, hat Obama trotz des grünen Lichts seiner Administration die Entscheidung getroffen, nicht einzugreifen. Ein irrationaler Anti-Bush-Reflex.

Aber die Ermordung von James Foley, gefolgt von Steven Sotloff, noch vor der Ermordung von Peter Kassig, zwangen ihn zu einer Reaktion: »Diese Terrorgruppe muss geschwächt und endgültig zerstört werden«, erklärte er in aufgesetzt martialischem Tonfall.[75]

Was Obama zweifellos nicht beachtet hat, als er seinen Krieg begann, ist die Tatsache, dass er damit, wenn nicht die Prophezeiung, so doch zumindest den Wunsch der Dschihadisten Wirklichkeit werden ließ.

Warum war der syrische Dschihad so erfolgreich darin, im Ausland zu rekrutieren? Sicher deshalb, weil er für viele Araber und für viele aus dem Westen erreichbar und leicht zugänglich ist. Die Türkei ist mit dem Rest der Welt extrem gut vernetzt. (Die Fluggesellschaft Turkish Airlines fliegt die meisten Länder an.) Menschen unterschiedlichster Nationalitäten können ohne Visum einreisen. Die Türkei hat es lange Zeit vernachlässigt, ihre Grenzen zu überwachen. Einen nicht zu unterschätzenden Einfluss haben auch die Verbrechen des Regimes, die Schrecken, die junge Leute auf ihrem Computer verfolgen und auf der Timeline sozialer Netzwerke teilen. Gleiches gilt schließlich auch für die Unfähigkeit des Westens, einzugreifen und internationales Recht geltend zu machen, zu dessen Garant er sich so gern aufschwingt, um es dann doch so schnell zu beugen, wenn es um seine eigenen Interessen geht. Dies hat bei den Dschihad-Kandidaten die Überzeugung reifen lassen, dass die internationale Gemeinschaft mindestens Komplize, wenn nicht gar Mitverantwortlicher für ein Verbrechen gegen den Islam in seiner Gesamtheit ist.

Aber eines der stärksten Argumente für die Rekrutierung ist zweifelsfrei die Prophezeiung von Dabiq. Dabiq? Eine kleine Ortschaft, kaum größer als ein Dorf, mit nicht mehr als 3000 Seelen, nahe der türkischen Grenze nördlich von Aleppo. Die Bedeutung von Dabiq rührt her von seiner Rolle innerhalb der islamischen Eschatologie, die sich auf die von Abu Huraira überlieferte Hadithe gründet, die als authentisch (sahih) angesehen wird:

»Die Stunde der letzten Abrechnung wird erst schlagen, wenn die Römer [byzantinische Christen im Sinne der Dschihadisten] in al-Amaq oder Dabiq ihr Lager aufschlagen. Dann wird sich eine Armee mit den weltweit besten Männern ihrer Zeit aus Medina aufmachen und sich ihnen entgegenstellen.

Wenn sich die beiden Armeen gegenüberstehen, werden die Römer anfangen zu verhandeln: ›Stellt Euch nicht zwischen uns und jene, die Gefangene von uns genommen haben! Lasst uns mit ihnen kämpfen.‹ – ›Nein! Bei Allah!‹, werden die Muslime antworten. ›Wir werden euch niemals mit unseren Brüdern kämpfen lassen.‹

Auf diese Ablehnung folgen Auseinandersetzungen. Ein Drittel wird weglaufen, ihnen wird Gott nie verzeihen. Ein Drittel wird sterben, in den Augen Allahs die besten Märtyrer. Ein Drittel, das nie schwer getroffen (oder in Unruhe versetzt) wird, erobert als Sieger Konstantinopel.

Während sie die Kriegsbeute untereinander aufteilen und ihre Schwerter in die Olivenbäume hängen, wird ein Dämon in ihrer Mitte erscheinen und rufen: ›Der Antichrist hat Euren Platz in Eurem Heim eingenommen!‹ Sie lassen alles stehen und liegen, obwohl die Information falsch ist. Als sie syrischen Boden betreten, kommt der Dämon tatsächlich. Während sie sich vorbereiten und die Kämpfer Reihen bilden, ist die Zeit des Gebets gekommen.

Mitten in diesem Getümmel wird Jesus, Marias Sohn, vom Himmel steigen und sie im Gebet führen. Wenn der Feind Gottes ihn sieht, wird er sich wie Salz im Wasser auflösen. Wenn man ihn ließe, könnte er sich völlig auflösen bis zum Tod, aber Allah wird ihn eigenhändig töten, um das Blut auf seiner Lanze vorweisen zu können.«

Deutlich wirkungsvoller und weniger poetisch ist die folgende Prophezeiung, die Abu Mussab al-Sarkawi zuteilwird: »Die Flamme wurde im Irak entzündet, und sie wird – mit der Erlaubnis Gottes – immer größer werden, bis sie die Armeen der Kreuzfahrer in Dabiq verbrennt.« Eine ganze Menge

Dschihadisten hat sich in den Kopf gesetzt, dass der Endzeit-kampf in Dabiq ausgetragen und den endgültigen Sieg der Moslems über die »Römer« bringen werde. Dabiq steht für die Apokalypse, für Armageddon, eine der wichtigsten Marken des Unternehmens Islamischer Staat. Es ist außerdem der Name eines online erscheinenden Magazins in englischer Sprache. Und es ist ein Ort, der in dem schrecklichsten aller Videos zu sehen ist, das die Medienverantwortlichen der Or-ganisation bisher veröffentlicht haben. Die Schlussszene des Videos mit dem Titel »Auch wenn es den Ungläubigen nicht gefällt« zeigt den Kopf der amerikanischen Geisel Peter Kassig zu Füßen seines Henkers. Sie wurde im Dorf Dabiq gedreht. In den vorherigen Videos warf der Folterknecht dem Westen vor, in muslimisches Gebiet einzudringen, und drohte mit Re-pressionen gegen seine Geiseln, wenn die Vereinigten Staaten und Großbritannien ihre Interventionen nicht einstellten und ihre militärischen Mittel nicht zurückzögen. Anders in diesem Film, hier fällt die Maske und die Doppelzüngigkeit wird of-fenbar: Der Islamische Staat versucht nicht das Ende der mili-tärischen Interventionen des Westens zu erwirken, sondern provoziert sie geradezu. Dieses Mal lädt Dschihadi John, wie er genannt wird, die amerikanische Armee regelrecht ein und warnt sie, dass sie in Dabiq ihr Ende finden wird. »Hier sind wir und begraben den ersten amerikanischen Kreuzfahrer in Dabiq. Wir können es kaum erwarten, dass der Rest eurer Armeen ankommt ...«

Der Journalist David Thomson hat mir von dem Entzü-cken berichtet, das er bei einigen französischen Dschihadisten, mit denen er für seine Recherchen in Kontakt steht, wahrge-nommen hat, als die internationalen Militärschläge begannen.

Einige dieser jungen Menschen waren langsam des Kämpfens überdrüssig, außerdem zermürbt von den Bruderkämpfen gegen andere islamistische Gruppen. Aber als der Westen eingriff, erfüllte sich die Prophezeiung, das Wunder von Dabiq wurde wahr! Ihre Motivation verstärkte sich wieder, und auch ihre Überzeugung, dass sie recht hatten. Dabiq ist zur Legende geworden, vor allem in den sozialen Netzwerken. Ein französischer Dschihadist (ein Konvertit, der zu den aktivsten im Internet zählt) hat in seinem Twitter-Account gepostet (im Original, aus Spaß an der Orthographie): »Der Prophet SAWS hat gesagt, dass es in Dabiq so viele Kadaver geben wird, dass die Vögel, die Dabiq überfligen, wegen des Gestancks sterben werden.« Ein englischsprachiger Dschihadist vermerkte seinerseits: »Dabiq wird kommen, so viel ist sicher. Die USA und ihre Verbündeten werden nach Syrien kommen, wenn sie gesehen haben, dass ihr Luftschlag ein Misserfolg ist. Das ist ein Versprechen Gottes und seines Propheten.« Jeden Tag werden Dutzende, wenn nicht Hunderte von Twitternachrichten gesendet, die den »Löwen des Islam« versprechen, dass sie bald die Möglichkeit haben, den Kreuzrittern in Dabiq die Stirn zu bieten.

Es ist hilfreich, sich in Erinnerung zu rufen, mit welcher Rhetorik die Medien operierten, als die internationale Intervention am Ende des Sommers 2014 in Gang gesetzt wurde. Der Islamische Staat wurde nicht nur als das absolute Böse präsentiert, sondern auch als eine unmittelbare Gefahr für alle Völker dieser Region und ihr gesamtes Gleichgewicht. Mit dem Ergebnis, dass die Intervention weitgehend von der öffentlichen Meinung unterstützt wurde. Diese basierte allerdings auf einer gezielten Falschinformation, die von unseren Medien wie von unseren Politikern kolportiert wurde: Nachdem er bereits die Kontrolle über Mosul, der zweitgrößten Stadt des Irak, übernommen hat, sei der Islamische Staat nun dabei, Erbil und sogar Bagdad einzunehmen. Muss daran erinnert werden, dass diese Gruppe in erster Linie eine aufständische Gruppe ist und dass sie aus diesem Grund nur auf die Regionen Anspruch erheben kann, in denen sie auch auf örtliche Unterstützung zurückgreifen kann? In diesem Fall betrifft das Gebiete, die von sunnitischen Arabern bewohnt werden.

Der Islamische Staat könnte sicherlich den Peschmerga im Norden des Irak empfindliche Verluste beibringen, aber es ist lächerlich und vor allem auch widersinnig zu behaupten, dass er Erbil in seine Gewalt bringen könnte. Das Statement der kurdisch-irakischen Autoritäten: »Die Vereinigten Staaten und Frankreich haben uns gerettet«, ist, selbst wenn es unserem Ego schmeicheln mag, nicht nur propagandistisch, sondern spielt darüber hinaus auch dem Islamischen Staat in die Hände, indem es dessen Kapazitäten überbewertet. Erbil ist eine fast ausschließlich kurdisch bewohnte Stadt, derer sich der Islamische Staat nie und nimmer bemächtigen können wird.

Was Bagdad angeht, der zweitgrößten Stadt der arabischen Welt und weitgehend leergefegt von ihrer sunnitischen Bevölkerung, so ist es ebenfalls lächerlich sich auszumalen, der Islamische Staat könnte sie eines Tages erobern! Das schließt jedoch nicht aus, dass er eventuell die Kontrolle über sunnitische Vororte erlangt. Und das schließt auch nicht aus, dass er über Unterstützernetzwerke verfügt und über das Potential der gezielten Verfolgung. Ja, der Islamische Staat wird weiter bestehen, solange sich sein Guerillakrieg gegen das Regime fortsetzt. Er wird weiter Autobomben mitten in schiitischen Armengebieten explodieren lassen und an seiner Strategie des Terrors und des Chaos festhalten. Ja, er ist zweifellos fähig, Geiseln zu nehmen und Morde zu begehen, bis hinein ins Herz der Hauptstadt. Aber anzukündigen, dass er eines Tages »Bagdad einnehmen« werde, heißt letztlich in seine Propagandafalle zu tappen. Und dennoch war diese Argumentation weit verbreitet, als unsere Politiker die öffentliche Meinung mobilisierten, um die Militärschläge zu rechtfertigen.

Die emphatischen Reden über die Gefahr, die vom Islamischen Staat ausgeht, verbunden mit der sehr realen Auflösung der irakischen Armee in allen von sunnitischen Arabern bewohnten Gebieten, hat den sektiererischen Reflex im gleichen Maße verstärkt, wie die irakische Armee an Wertschätzung in den Augen der Bevölkerung verlor. Der Großajatollah Ali al-Sistani hat viel dazu beigetragen, die Schiiten auf die Straße zu treiben. Unmittelbar nach dem Fall der Stadt Mosul verhängte er eine Fatwa und rief die Iraker dazu auf, »ihr Land, dessen Volk, die Ehre seiner Bürger und heiligen Orte zu verteidigen«. Die Neuigkeit dieser Fatwa verbreitete sich wie ein Lauffeuer. Zu Hundertausenden eilten Freiwillige zu den Rekrutierungszentren der Miliz. Ghaith Abdul-Ahad schrieb für die britische Tageszeitung *The Guardian* eine lesenswerte Reportage[76] über die schiitischen Kämpfer, die eiligst mobilisiert worden waren, um vorgeblich die Hauptstadt gegen den Islamischen Staat zu verteidigen. Der aus dem Irak stammende Journalist beschreibt die Massaker, verübt von Milizen, die »grundsätzlich alle Sunniten als Feinde betrachten«. Er zitiert einen dieser jungen Milizen, einen gewissen Moujtaba, der noch keine 30 Jahre alt ist, aber bereits in Syrien das Regime von Baschar al-Assad unterstützt hat. »Sie können der Armee nicht trauen«, eröffnet er dem Journalisten. »Selbst wenn sie 2000 Mann einsetzen würde, um dieses Dorf zu verteidigen, würde ich nicht auf sie setzen. Wir sind alle in einer Widerstandsgruppe, die seit elf Jahren kämpft. Jeder von uns war mindestens in drei Trainingscamps im Iran und im Libanon unter Leitung der Hisbollah. Jedes Mal war es für zwei Monate. Haben Sie eine Ahnung, was es heißt, 60 Tage lang unter der ständigen Fuchtel der Hisbollah zu stehen? Sie sind danach ein neuer Mensch. Kein Vergleich zu den Soldaten, die wegen des Geldes in die Armee gehen ...«

Donatella Rovera, Sonderbeauftrage für Krisenreaktionen bei Amnesty International, war während der Militärschläge der Koalition im Norden des Irak unterwegs. Sie konnte feststellen, dass diese Interventionen von glaubensgemeinschaftlich bedingten Gewalttaten vor Ort begleitet wurden, die die konfessionelle Spaltung vertieft haben. Die Gegenoffensive der irakischen Regierung, unterstützt vom Westen sowie vor Ort von den schiitischen und kurdischen Milizen, zeichnete sich durch eine lange Serie von Ausschreitungen aus. »Man schaue sich die Orte an, die von den schiitischen Milizen im Kampf gegen den Islamischen Staat zurückerobert wurden!«, ereifert sie sich. »Ich war ungefähr in 40 Dörfern. Sie waren total zerstört. Die Bevölkerung kann in absehbarer Zeit unmöglich zurückkommen und dort leben. Die sunnitische Bevölkerung wird kollektiv beschuldigt, mit dem Islamischen Staat gemeinsame Sache zu machen. Mitglieder dieser Bevölkerungsgruppe wurden umgesiedelt, vertrieben. Was können sie jetzt noch machen?«[77] Es ist offensichtlich, dass einige von denen, die schikaniert werden, weil sie Sunniten sind, beim

Islamischen Staat Zuflucht suchen, weil dieser ihnen als der zuverlässigste Schutz erscheint gegen das, was sie als schiitischen Expansionismus ansehen. »Gleiches gilt für den Norden. Dort haben die Peschmerga Gebiete zurückerobert und alles zerstört«, fährt die Beobachterin für Amnesty International fort. »Die Bevölkerung wurde vertrieben. Es war verboten, kurdisches Gebiet zu betreten. Ihr blieb nur die Flucht nach Mosul. Sie wurde dem Islamischen Staat in die Arme getrieben!«

Die Einladung an Qassem Suleimani, in den Irak zu kommen, war eine desaströse Botschaft der Regierung in Bagdad. Der Kommandeur der al-Quds-Einheit, einer iranischen Elitetruppe, sei »an die Spitze von libanesischen Experten und iranischen Militärs« gesetzt worden, »einige Stunden nach der Eroberung Mosuls am 10. Juni« durch den Islamischen Staat, heißt es auf der Internetseite des Fernsehsenders al-Manar der pro-iranischen schiitisch-libanesischen Bewegung.[78] Sein erster Auftrag sei die »Sicherung Bagdads und der Umgebung«, dann »die Sicherung der Route Bagdad-Samarra«. Dem Fernsehsender der Hisbollah zufolge sei Suleimani »in den wichtigsten Kämpfen gegen den Islamischen Staat in der Region westlich von al-Anbar, in den kurdischen Gebieten in der Region Diyala, in den Ölgebieten von Kirkuk und in der jüngsten Schlacht um die Ölraffinerie von Baidschi«[79] präsent gewesen.

Suleimani war derjenige, der 2008 eine SMS an General Petraeus, Oberbefehlshaber der US-Streitkräfte im Irak, schickte: »General Petraeus, Sie sollten wissen, dass ich, Qassem Suleimani, für die Politik des Iran im Irak, Libanon, in Gaza und Afghanistan zuständig bin.«[80]

Der Generalmajor wurde kurz nach Beginn der Revolution mit dem Fall Syrien betraut. Die Tatsache, dass er von Teheran geschickt wurde, um den Kampf gegen den Islamischen Staat zu koordinieren, zeigt die extreme konfessionelle Polarisierung dieses Konflikts. Auf der Ebene der regionalen Geopolitik lässt sich der Islamische Staat als Reaktion der sunnitischen Welt auf ihre eigene panische Angst (sehr wahrscheinlich angeheizt durch ihre Sponsoren aus der Golfregion) vor dem »schiitischen Halbmond«[81] verstehen. Die Entsendung Suleimanis ist Teil der Eskalation zwischen den sunnitischen und schiitischen Einflussgebieten.

In der Diplomatie, wie in vielen anderen Bereichen, ist eine heftige Reaktion selten eine angemessene. Folglich machte auch die Position François Hollandes, der nach der Ermordung Hervé Gourdels in Algerien im September 2014 entschied, Frankreich an den Luftschlägen gegen den Irak zu beteiligen, wenig Sinn. »Anzukündigen, dass man beabsichtige, einen Mord, der in Algerien geschah, im Irak oder anderswo zu rächen, gehört in den Bereich des politischen Schauspiels, der politischen Erzählungen und nicht zu irgendeiner Strategie«, urteilt Peter Harling, Regionalverantwortlicher bei der International Crisis Group (ICG), streng in einem Interview für *Le Point*.[82]

Harling verdient es, ausführlich zitiert zu werden, wenn es darum geht, die ambivalente Beziehung der arabisch-sunnitischen Bevölkerung zum Islamischen Staat zu verstehen. »Die arabisch-sunnitische Welt erlebt eine Art Existenzkrise. Die Region hat es bisher nicht geschafft, das Zeitalter der Regression unter der Herrschaft des ottomanischen Reiches hinter sich zu lassen, gefolgt vom Kolonialismus, der westlichen Einflussnahmen von allen Seiten und der traumatisierenden Gründung des Staates Israel. Die großen emanzipatorischen Bewegungen, die anfangs immense Inspirationsquellen waren, verwandelten sich schnell in autokratische und kleptomanische Cliquenwirtschaft. Ihre islamistischen Alternativen, die verschiedene verführerische, aber utopische Zukunftsvisionen beschworen, sind kläglich daran gescheitert, sie in die Praxis umzusetzen.

Der Arabische Frühling, diese funkelnde, herrliche Bewegung, die der Region ihre Erlösung, ihre neue Chance bringen sollte, endet ihrerseits im Desaster. Man stelle sich die Gefühle der Verwirrung, des Scheiterns, der Bitterkeit, der Ungerechtigkeit und der Scham vor, die daraus resultieren. Man füge die unvorstellbare Gewalt hinzu, die das syrische Regime praktiziert, ohne jede ernstzunehmende Reaktion aus dem Westen. Man füge die Tragweite der humanitären Krise, die daraus entstand, hinzu; außerdem das betrübliche Spektakel der reaktionären Strömungen in Ägypten, in der Golfregion und anderswo. Man füge schließlich die ständigen Provokationen seitens der schiitischen Welt hinzu, die sich ihrerseits in einer Hochphase mit einer entsprechenden Hybris befindet. Im Ganzen gibt es sehr wenig Menschen, die für den IS sind, aber es gibt nur ihn.«

Der belgische Journalist Baudoin Loos hat in einem sehr schönen Leitartikel in der Tageszeitung *Le Soir* an den Westen appelliert, nicht in die von ihm so genannte »Falle der Enthauptungen«[83] zu tappen: »Je massiver und brutaler die westlichen Reaktionen werden, umso mehr werden diese höllischen Dschihadisten in der sunnitisch-muslimischen Welt das mächtige Gefühl des ›Messens mit zweierlei Maß‹ nähren wollen, denn schließlich stimmt es, dass währenddessen die internationale Gemeinschaft seit drei Jahren dem Martyrium eines ganzen Volkes, der sunnitischen Mehrheit Syriens, tatenlos zusieht. Und sie setzen zur Rekrutierung und Überzeugung nur allzu gern auf ein solches Gefühl der Ungerechtigkeit.«

Bei den westlichen Interventionen, die nur die Dschihadisten treffen und nicht das Regime, das sie massakriert, fühlen sich die Sunniten mehr als im Stich gelassen; sie fühlen sich eingekesselt. Am 19. November 2014 zeigte sich der ehemalige amerikanische Botschafter in Syrien, Robert Ford, alarmiert angesichts des strategischen Fehlers, den die Angriffe darstellen. Bei einer Anhörung im außenpolitischen Ausschuss des Repräsentantenhauses erklärte der hochrangige Diplomat, dass »die im September begonnenen Luftschläge in Wirklichkeit die gemäßigte Opposition geschwächt haben. Sie haben diese auf der Straße diskreditiert, denn unsere Angriffe zielen auf ein Gebiet, das von einem Ableger der al-Qaida, von der al-Nusra-Front kontrolliert wird, die gegen das Assad-Regime kämpft. […] Was wir eigentlich tun, ist das Spiel der Luftwaffe Assads mitzuspielen.«[84]

Es wird immer schwerer, sich Gehör zu verschaffen, und einen »Gemäßigten« zu finden wird immer seltener. Der Star-Komiker des Wochenmagazins *The New Yorker*, Andy Borowitz, illustriert das Dilemma der Administration in einer Karikatur, in der ein »Einschreibeformular für die syrischen Gemäßigten« zu sehen ist. Die Aufnahmewilligen werden gebeten, ein Kreuz zu machen: a) gemäßigt, b) sehr gemäßigt, c) verrückt gemäßigt, d) andere. »Es gibt keine Gemäßigten mehr, wir können niemand Vertrauenswürdigen mehr unterstützen«, erwidern viele der Kommentatoren. Dieses Argument stößt bei dem Islamwissenschaftler Thomas Pierret auf heftigen Widerstand: »Es bleibt eine große Zahl an vernünftigen Leuten, die es zu unterstützen gilt, einschließlich islamistischer, nichtdschihadistischer Gruppen. Es wäre kein Bärendienst, wenn sich die Unterstützung in eine kohärente politische Strategie einschreibt. Um es klar zu sagen: Wir können nicht von ihnen verlangen, dass sie den Islamischen Staat bekämpfen, wenn wir ihnen im Gegenzug signalisieren, ihr Kampf gegen Assad interessiere uns nicht. ›Pro-westlich‹ etikettiert zu sein, ist heute ein Schandmal unter den syrischen Rebellen, nicht etwa aus Gründen eines tollwütigen Hasses gegen den Westen, sondern wegen dessen unglaublichem Zynismus im Umgang mit dem Syrienkonflikt.«[85]

Vergessen wir nicht, dass den gemäßigten Kräften das gelungen ist, was weder den westlichen Militärschlägen und erst recht nicht dem Regime gelungen ist: dem Islamischen Staat Gebietsverluste beizubringen. Zwischen Ende 2013 und Anfang 2014 hat es die Freie Syrische Armee im Verbund mit mehreren islamistischen Gruppen geschafft, ihn zurückzudrängen und ihn dazu zu zwingen, sich auf seine Hochburgen Raqqa und Deir Ez-Zor zurückzuziehen. Militärverantwortliche der ganzen Welt erklären unablässig: Eine Militäroperation hat keine Aussicht auf Erfolg, wenn sie nicht von einem politischen Plan begleitet wird, egal welches Kräfteverhältnis vor Ort besteht und welche Mittel auch immer eingesetzt werden. Genau einen solchen politischen Plan hätte der Westen bitter nötig. Denn die Militäroperationen zielen lediglich darauf ab, Zeit zu gewinnen, und es gibt kein politisches Projekt weit und breit, um sie abzulösen. Die Luftschläge gegen den Islamischen Staat müssten gleichzeitig von Schlägen gegen das Regime und von einer Unterstützung der Opposition begleitet werden, andernfalls ist es unausweichlich, dass das Regime die verlorenen Gebiete wieder zurückerobert.

»Wenn Sie die Bedrohung analysieren, müssen Sie wissenschaftlich vorgehen«, erklärt der Oppositionelle Ayman Abdel-Nour. »Wo ist das Übel? Wenn Sie das Übel behandeln, heilt der Rest des Körpers von allein. Das Regime hat die Entwicklung des Islamischen Staates begünstigt, unterstützt und erlaubt. Es ist die Ursache des Phänomens. Wir müssen das Übel behandeln. Wenn wir uns davon befreien, regelt sich auch der Rest.«[86]

Mit diesen Militäroperationen hat man im Gegenteil die fortschreitende Radikalisierung, die ich bereits beschrieben habe, genährt. Zunächst deshalb, weil durch sie die Prophezeiung von Dabiq scheinbar bestätigt wurde, dann indem man dadurch die Sunniten des Irak und Syriens in den Dschihad drängte. Umso mehr war es ein Fehler der Koalition, dschihadistische Gruppen generell zu bombardieren und nicht nur den Islamischen Staat, denn schließlich waren die Beziehungen, die die al-Nusra-Front und Ahrar Ash-Sham zum Islamischen Staat unterhielten, von Konkurrenz (wenn nicht gar von Feindseligkeit) geprägt. Die Luftangriffe haben sie in der Folge einander angenähert und ihnen einen gemeinsamen Feind gezeigt: den Westen. Die Reaktion der al-Nusra-Front war signifikant. Nachdem sie von Bombenangriffen heimgesucht worden war, beeilte sie sich die vom Westen unterstützten »Gemäßigten« aus ihren Hochburgen im Nordwesten zu vertreiben. Jamal Maarouf, Anführer der Syrischen Revolutionsfront, den ich im Mai 2013 in der Ortschaft Deir Sonbol getroffen hatte, musste jämmerlich in der Türkei Zuflucht suchen. Dazu muss gesagt werden, dass der vom Bauleiter zum Kriegschef avancierte Maarouf von der Bevölkerung beschuldigt wurde, sich weit mehr für die Hilfsgelder aus dem Ausland als für den Kampf gegen die Tyrannei zu interessieren.

Wie soll man außerdem den Kämpfern der Islamischen Front deutlich machen, dass man immer noch den Sturz Baschar al-Assads verfolgt, obwohl man sich damit begnügt, diejenigen Gruppen zu bombardieren, die sich ihm entgegenstellen? Die Verlautbarung vonseiten des syrischen Präsidenten nach den ersten amerikanischen Luftangriffen auf syrischem Boden zeugt von einem fürchterlichen Machiavellismus. Das Regime verkündete, das Pentagon habe es von den Bombardierungen in Kenntnis gesetzt. Es ist gut möglich, dass diese Meldung von den Medien bewusst als Lüge verbreitet wurde (und die Vereinigten Staaten haben im Übrigen dementiert, Damaskus informiert zu haben). Aber die erzielte Wirkung war dennoch verheerend: Das Regime vermittelte seiner Bevölkerung den Eindruck, mit dem Westen in bestem Einvernehmen zusammenzuarbeiten. Angesichts dieser zumindest augenscheinlichen Übereinstimmung wundert es daher nicht, dass die Sunniten zusammenhalten, und sich oft auch mit dem vermeintlich Stärkeren verbünden, dem Islamischen Staat.

Doch die überwiegende Mehrheit der Syrer, selbst unter den sunnitischen Arabern, die in letzter Zeit nicht so genau wussten, zu welchem Heiligen sie sich bekennen sollten, betrachtet den Islamischen Staat weiterhin als Besatzer, dessen religiöse

Praktiken sehr weit von den ihr vertrauten gemäßigten Gebräuchen (Wasatiyya) entfernt sind und dessen Doktrin gegen örtlich vorherrschende Überzeugungen verstößt. Trotzdem haben die westlichen Angriffe die Positionierung der Syrer gegenüber dem Islamischen Staat deutlich verändert: »Ungeachtet seiner Fähigkeit, die Ordnung wiederherzustellen, die (zumindest zeitweise) von denen geschätzt wurde, die unter den kriminellen Ausschreitungen einiger Rebellenfraktionen gelitten hatten, war der Islamische Staat weitgehend verpönt, wegen seines Sektierertums und seiner Verbissenheit im Kampf gegen andere Rebellen, und weil er das Regime verschonte«, verdeutlicht Thomas Pierret. »Die Dinge haben sich seit dem Sommer 2014 grundlegend verändert. Der Islamische Staat ist als gefürchteter Feind des Regimes auf den Plan getreten, insbesondere mit der Eroberung von Militärstützpunkten in der Provinz Raqqa und dann als Opfer der grenzenlos zynischen Westmächte, die ihre Bomben ausschließlich auf den Islamischen Staat abwerfen und den Flugzeugen Assads dabei zusehen, wie sie mit Fassbomben täglich Dutzende Zivilisten töten.«

Wenn man die Amerikaner auch häufig für ihre politischen Fehler kritisiert, muss man doch anerkennen, dass es unter ihnen auch oft gut informierte Leute gibt, die die Alarmglocken läuten. Mitte November hat der amerikanische Staatssekretär John Kerry die Notwendigkeit anerkannt, das Regime zeitgleich mit dem Islamischen Staat zu »behandeln«: »Assad und der IS sind symbiotisch. Der IS präsentiert sich als einzige Alternative zu Assad. Assad behauptet, die letzte Verteidigungslinie gegen den IS zu sein. Aber letztlich werden beide gestärkt.«[87]

149

Ab September warnten die amerikanischen Geheimdienste die Einsatzkräfte, denn sie hatten festgestellt, dass die Militärinterventionen eine direkte Wirkung auf die Anzahl an Dschihadisten habe, die sich auf den Weg nach Syrien und in den Irak machen, und dass der Zustrom größer als je zuvor sei.

Im Übrigen können auch die modernsten Waffen, die von den westlichen Fliegern eingesetzt werden und erstaunlich präzise sind, nicht verhindern, dass es zivile Opfer gibt, von den Sprechern schamhaft »Kollateralschäden« genannt. Am 12. November zählt die Syrische Beobachtungsstelle für Menschenrechte (SOHR) fünfzig Zivilisten, die seit Beginn der Luftangriffe durch alliierte Bomben zu Tode gekommen sind, unter ihnen acht Kinder. Es dauerte nicht lange, bis ihre Fotos in den sozialen Netzwerken zirkulierten, gemeinsam mit Fotos der Opfer von Baschar al-Assad, so dass die Legende von einer großen anti-muslimisch westlichen Koalition genährt wurde, schuldhaft von den Golfstaaten unterstützt.

All das ist ein gefundenes Fressen für die dschihadistische Propaganda zur weiteren Verbreitung im Ausland. »Vor der Koalitionsoffensive hatte der Islamische Staat zwei Arme, einen im Irak und einen in Syrien«, erinnert der Islamexperte Romain Caillet. »Inzwischen hat er fünf zusätzliche, in Ägypten, in Libyen, im Jemen, in Algerien und in Saudi-Arabien.«

In der kleinen Istanbuler Wohnung, die ihm als Zuflucht dient, findet der syrische Intellektuelle Yassin al-Haj Saleh – ein Verfechter des Laizismus – keine Worte mehr für unsere Irrtümer. Als ich ihn frage: »Was kann der Westen noch tun, um die Situation wieder in den Griff zu bekommen?«, hebt er die Augen zum Himmel, verbirgt das Gesicht in den Händen und seufzt vor Verzweiflung. Ein Moment der Stille. Und ein

Ausdruck des Verdrusses: »Es ist zu spät. Viel, viel, viel zu spät. Der Westen ist einer der Ingenieure unseres Desasters. Er ist mindestens so sehr für unser Unglück verantwortlich wie Russland oder der Iran. Nein wirklich, die westliche Politik trägt eine erhebliche Verantwortung. Wir haben zu spät verstanden, dass der Westen nur ein Interesse, nur eine Obsession hat: die Sicherheit. Das, was er als Kampf gegen den Terrorismus bezeichnet. Er leugnet vollkommen die Wirklichkeit unserer Revolution.«

Anstatt anhand von Fakten zu analysieren, welche Stärken und Schwächen er tatsächlich hat, fallen wir auf die Propaganda des Islamischen Staates herein, indem wir ihn für die Inkarnation des Bösen halten. Wir begnügen uns mit der einfachen Lösung, ihn zu verdammen, und liefern ihm auch noch Argumente für seine Propaganda. Stattdessen sollten wir nachdenken und seine Widersprüche aufdecken. Das trifft sich mit dem Eingeständnis des Religionsanthropologen der Universität von Chicago, Alireza Doostdar, der unter dem provokanten Titel »How not to understand ISIS« unsere Schwächen zugibt: »Unsere Kenntnis des IS ist sehr bruchstückhaft. Wir wissen so gut wie nichts über seine soziale Basis. Wir haben kaum eine Ahnung, wie er seine militärischen Eroberungen geschafft hat, und noch weniger, welche Art von Koalitionen er mit diversen Gruppen – anderen islamistischen Rebellengruppen in Syrien bis hin zu den säkularen Baathisten im Irak – eingegangen ist.«[88]

Die Syrier ihrerseits wissen die Gefahr des Islamischen Staates recht gut zu relativieren, obwohl sie täglich unter seiner Gewalt zu leiden haben: »Warum habe ich keine Angst davor, dass er die Kontrolle über Syrien erlangt? Weil die Bevölkerung das nicht akzeptieren wird«, urteilt Ayman Abdel-Nour. »Er wird nie die Unterstützung des Volkes haben. Und unsere Geographie erlaubt es ihm nicht, sich hier zu verstecken.«[89]

9. Verbindungen wieder neu knüpfen

Man muss das Vertrauen der Bevölkerungen zurückgewinnen. Der Schutz der Zivilbevölkerung muss Vorrang haben. Lokal denken. Die Wirtschaft nicht vernachlässigen. Das Regierungssystem reformieren.

D er Islamische Staat mag stark erscheinen. Er ist bis jetzt durch seine Propaganda, seine Rekrutierung und sein Spiel mit dem syrischen Regime wie mit den örtlichen Stämmen gut zurechtgekommen. Aber es wäre ein Fehler, ihn für unbesiegbar oder einfach für stark zu halten. Es gibt Spaltungen und Risse in seinem Inneren, genauso wie zwischen ihm und den Bevölkerungsgruppen, die er inzwischen dominiert. Daraus resultiert auf mehr oder weniger lange Sicht sein Untergang. Eines Tages wird er in den Augen der örtlichen Bevölkerung unerträglich sein – sei es wegen der Radikalität seiner religiösen Vorschriften (das Tabakverbot spielt ihm entgegen, denn in diesen Ländern ist die Nikotinabhängigkeit eines der am weitesten verbreiteten Laster), sei es wegen der Gewalt, die seine Machtausübung begleitet. Früher oder später wird sie diese Transplantation als Fremdkörper abstoßen.

Auch auf die Gefahr hin, als Provokateur zu erscheinen, möchte ich an die von David Galula, einem der französischen Theoretiker des Kampfs gegen Aufstände, aufgestellten Prinzipien erinnern. Die französische Neuauflage[90] seines Hauptwerks wurde von demjenigen mit einem Vorwort bedacht, der ihn wiederentdeckt hat: der amerikanische General David Petraeus. Was können wir von ihm lernen? Dass man, um einen asymmetrischen Konflikt zu gewinnen, die Herzen und den

Geist erobern muss. Und dass letztlich meist diejenige Konfliktpartei gewinnt, die der Bevölkerung das Gefühl von Sicherheit zu vermitteln vermag. Wenn die Syrer – zu Recht oder zu Unrecht – den Eindruck haben, vom Westen bombardiert zu werden, dann werden sie den Westen hassen. Wenn sie den Eindruck gewinnen, dass der Islamische Staat für sie ein Stabilitätsfaktor ist, werden sie sich ihm zuwenden.

Die Bevölkerung vor Ort einbinden, ihr Vertrauen zurückgewinnen, trotz unserer Jahre der Geringschätzung, ihnen zu verstehen geben, dass wir an ihrer Seite stehen, um gegen jegliche Form der Tyrannei zu kämpfen, das wäre ein geeignetes Programm, um Zustimmung zu gewinnen. »Es gibt keine andere als eine politische Lösung«, wiederholt Ayman Abdel-Nour eindringlich. »Eines steht unumstößlich fest: Baschar darf nicht Teil dieser Lösung sein. Es muss Garantien für die Minderheiten geben. Dann heilt der soziale Körper in seiner Gesamtheit von selbst. Der erste Schritt muss eine politische Einigung sein. Am Tag, an dem eine solche gefunden wird, wird der Islamische Staat die Hälfte seiner Mitglieder verlieren. An einem einzigen Tag! Denn das Einzige, was gebraucht wird, ist neue Hoffnung.«[91]

Sobald die Hoffnung zurückkehrt, könnte ein Teil der Lösung von den Sahwas, den Stammesmilizen nach irakischem Modell kommen. Aber auch in dieser Frage agieren wir verkehrt. Ausschließlich über Geldzahlungen unterstützen wir oder lassen wir Männer oder Gruppen unterstützen, die nicht immer die notwendige Legitimität haben. (Von außen unterstützt werden die Islamistische Front durch Saudi-Arabien, die Bewegung von Jamal Maarouf durch die Türkei.) »Die Sahwas können erst an zweiter Stelle kommen«, betont

Ayman Abdel-Nour. Zuerst müssen dem Islamischen Staat die Argumente für die Rekrutierung entzogen werden. Demgegenüber sind »die Luftschläge gegen den Islamischen Staat nur die Umsetzung des Eingeständnisses, das Präsident Obama gemacht hat: Wir haben keinen Plan und keine Strategie. Sie machen nichts anderes, als Baschar al-Assad eine perfekte Immunität zu geben. Sie helfen nur ihm, stärken ihn und schwächen die Gemäßigten.«

Die schlechte Nachricht ist, dass wir in diesen finanziellen Notzeiten die Sahwas selbst bezahlen müssen, wenn wir auf sie zurückgreifen wollen. Wie wir sehen konnten, sind die Akteure in der Region und die muslimischen Geldgeber im Allgemeinen sehr besorgt um das Schicksal Syriens. Sie haben bereits viel Geld investiert, sei es um humanitäre Aktionen zu finanzieren, sei es um Organisationen für Menschenrechte zu unterstützen, oder direkt um Kampfeinheiten zu bewaffnen. Problematisch daran ist, dass jedes Land – die Türkei, Saudi-Arabien, Katar – seine eigene Agenda verfolgt und versucht, seinen regionalen Einfluss zu vergrößern.

Man konnte bereits beobachten, dass der Zusammenbruch des Staates in Afghanistan und im Irak jedes Mal die Nachbarländer auf den Plan rief, die zu geringen Kosten ihre Einflusspolitik betreiben. Die Leere lässt sich leicht ausfüllen und die Versuchung der angrenzenden Nationen ist groß, das Territorium des gescheiterten Staates als »Spielfeld« für einen Stellvertreterkrieg zu nutzen. Ein solcher Prozess wirkt eindeutig zerstörerisch. Die Regel »Wer zahlt, hat das Sagen« ist hinreichend bekannt. Wir können beispielsweise nicht das Risiko eingehen, dabei zuzusehen, wie Länder der Region Verbindungen mit örtlichen bewaffneten Gruppen eingehen oder solche rekrutieren und ihnen mit Dollar gefüllte Koffer sowie als einzige Anweisung »Nehmt das und tötet Schiiten« mit auf den Weg geben.

Die am wenigsten schlechte Lösung für Syrien ist möglicherweise die schlimmste für den Irak. Donatella Rovera, Sonderbeauftragte bei Amnesty International, regt sich über die »Mode« der Sahwa im Irak auf, wo die Vereinigten Staaten ihre Erfolge von 2007 bis 2008 neu auflegen wollen. Die Diplomaten des Außenministeriums drängen Bagdad, so schnell wie möglich ein Gesetz zur Bildung einer Nationalgarde zu verabschieden. »Es handelt sich aber lediglich um das Projekt, eine neue Sahwa, eine weitere Miliz, zu schaffen«, empört sie sich. »Alle schwören auf die Sahwa, aber ich kann nicht erkennen, was daran eine gute Lösung sein soll. Bei den ursprünglichen Sahwas gab es eine politische Dynamik. Hier ist nichts mehr davon zu spüren. Man schafft eine Sahwa aus dem einzigen Grund, weil Armee und Polizei ihrer Arbeit, die Bevölkerung zu schützen, nicht nachkommen. Das wäre ein Problem, das es zu lösen gilt, anstatt eine neue Miliz zu schaffen, die ohne legalen Rahmen agiert. Wir lösen keine Probleme, wir schaffen eher neue.«[92] Donatella Rovera rät vielmehr dazu, Armee und Polizei ganz neu aufzustellen und zu entkonfessionalisieren, anstatt die Milizen zu vermehren.

Man wird sich sicher im Klaren darüber sein, dass wir letzten Endes ein gewisses Maß an Interventionen akzeptieren müssen. Ich weiß, wie verpönt das Wort seit den Interventionen der Armee George W. Bushs in Afghanistan und im Irak ist. Und es ist ziemlich naiv zu glauben, al-Qaida sei für die Attentate des 11. September bestraft worden, als die Vereinigten

Staaten in Reaktion darauf Koalitionen zusammenstellten, um diese beiden Länder zu erobern! Wir haben erlebt, wie stark der Widerstand dagegen ist, sowohl in antimilitaristischen und dritte-Welt-bezogenen Kreisen als auch bei Verfechtern der Unabhängigkeit. Trotzdem ist es eine Tatsache. Unsere Armeen sind aktuell im Irak und einige in Syrien aktiv. Können wir es ertragen mitanzusehen, wie sich die Wege der amerikanischen Bombenflugzeuge am syrischen Himmel mit den Helikoptern des Regimes kreuzen, die ihre TNT-Fässer über den Stadtvierteln von Aleppo abwerfen, ohne etwas dagegen zu tun, und unter dem Vorwand, dass der Auftrag nur darin besteht, gegen den Islamischen Staat zu kämpfen und der Schutz der Zivilbevölkerung nicht Teil des Mandats ist? Wenn man die Bombardierungen der syrischen Luftwaffe wie beispielsweise am 25. November 2014 auf zivile Gebiete von Raqqa sieht, bei denen es mehr als 100 Tote gab und ein großer Teil des Museums der Stadt zerstört wurde, das selbst die Dschihadisten nicht gewagt hatten anzurühren, dann kommt man nicht umhin zu denken, dass dies alles nicht ohne die zumindest stillschweigende Zustimmung des Pentagon geschehen konnte. Zumindest muss die amerikanische Flugabwehr die Flugzeuge abheben gesehen und sich wissentlich dazu entschlossen haben, sie gewähren zu lassen. »Wie kann das Regime seine Flugzeuge auf eine Stadt losschicken, die permanent von amerikanischen Flugzeugen überflogen wird, ohne von den Amerikanern eine Erlaubnis einzuholen?«[93], fragt sich Jamah al-Qassem, ein Militanter der Opposition, der in Antakya in der Türkei ansässig ist und von Benjamin Barthe in *Le Monde* zitiert wird. Im gleichen Artikel wird auch der örtliche Aktivist Abou Ward al-Raqqawi zitiert: »Die amerikanischen und syrischen Flugzeuge lösen sich mit einigen Stunden Intervall über unseren Köpfen ab. Dienstagnachmittag waren es die Syrer, Dienstagabend die Amerikaner. Ein solches Luftballett kann man nicht ohne Abstimmung orchestrieren.« Wir haben es gesehen, und Galula hat uns daran erinnert: Der Schutz der Zivilisten ist der Schlüssel in einem asymmetrischen Krieg. Wenn wir es schon nicht aus moralischen Gründen tun, dann wenigstens aus taktischen, um unserer eigenen Interessen willen.

Was sollte man also tun? Eine minimale Flugverbotszone einrichten? Die Militärs wie die Experten des internationalen Rechts werden uns antworten, eine Flugverbotszone sei bereits Krieg. Na und? Sind wir nicht bereits in Kriegshandlungen verwickelt? Verletzt die amerikanische Luftwaffe vom juristischen Standpunkt betrachtet nicht bereits täglich den syrischen Luftraum? Wenn ein Helikopter der syrischen Luftwaffe von einem westlichen Flugzeug abgeschossen wird, wäre das nicht eine starke Botschaft, um das Regime abzuschrecken, mit seinen Kriegsverbrechen fortzufahren? Wäre die Legitimität einer solchen Kriegshandlung nicht ohne weiteres vor internationalen Einsprüchen vertretbar?

Man könnte sich sogar eine begrenzte militärische Operation vorstellen, ohne notwendigerweise große Mittel einzusetzen, mit dem Bewusstsein, dass das Ziel immer so nah wie möglich am Schutz der Zivilbevölkerung orientiert bleibt. Man könnte beispielsweise hier einen Panzer zerstören, der auf bewohnte Gebiete feuert, und dort eine Militärbasis oder einen Milizposten, der Angriffe auf die Bevölkerung verübt, bombardieren. Dieses militärische Vorgehen ist nur denkbar, wenn man gleichzeitig die Freie Syrische Armee bewaffnet und unterstützt. Schließlich braucht es, wie Ayman Abdel-Nour unterstreicht, einen politischen Prozess und eine klare politische Unterstützung für jene Kräfte, die seit drei Jahren für ein demokratisches Syrien kämpfen. Die letzten vier Jahre haben nicht wenige Revolutionäre dazu gebracht, ihre Erwartungen herunterzuschrauben. Die Positionen sind nicht mehr so unvereinbar. Viele von ihnen akzeptieren heute die Idee eines Dialogs mit Russland, manche sogar mit dem Iran. Die Revolution ist bereit, so manches Zugeständnis zu machen, wenn dafür endlich die Macht wieder dem syrischen Volk zufiele.

Nur das verlangt Bassam al-Ahmad, Menschenrechtsaktivist der VDC: dass den Syrern die Macht zurückgegeben werde. »Man muss auch die Gruppen der Zivilgesellschaft unterstützen, die versucht, ein neues Land aufzubauen. Es gilt sehr schnell eine humanitäre Schutzzone einzurichten.«[94] Er plädiert auch für den Dialog, um die fanatische Eskalation zu verhindern: »Es braucht diplomatisches Geschick. Man muss mit allen sprechen. Das Verhandeln ist sehr wichtig. Selbst mit dem Iran und der Hisbollah muss man reden, um zu verstehen, was sie wollen und wovor sie Angst haben, und sie beruhigen. Es ist sehr wichtig, die Minderheiten zu beruhigen und miteinander zu sprechen.«

Riad Seïf hat für den politischen Übergang einen fertigen Plan in der Tasche: »Die Syrer waren selbst ausgeschlossen von den Entscheidungsprozessen über ihre Zukunft. Es wurde immer viel von Assad geredet oder von den Oppositionsführern im Exil, die die Stimme des Volkes in Beschlag nehmen. Niemand repräsentiert die Syrer! Dabei sind sie es, die die wirkliche Macht darstellen, die es zu reaktivieren gilt. Wir müssen ein Mittel finden, um einen Mechanismus zu schaffen, der es uns ermöglicht, einen tatsächlich für die Syrer repräsentativen Rat zu bilden und nicht so etwas wie den Etilaf [Nationale Koalition der syrischen Revolutions- und Oppositionskräfte] oder den SNC [Syrischer Nationalrat].«[95] Der frühere Abgeordnete schlägt die Bildung eines repräsentativen Übergangsrates vor, für den er sieben Mitglieder empfiehlt und der alle Bevölkerungsgruppen vertreten sollte. »Es gibt Leute, über die herrscht Einigkeit. Ali Habib zum Beispiel wäre ein ganz und gar akzeptabler Abgeordneter, sowohl für die Alawiten als auch für alle Syrer. Unter den Kurden und den Christen kann man mehrere Personen aus der Zivilgesellschaft finden, die völlig respektabel und konsensfähig sind. Gleiches gilt für die Sunniten, laizistische oder konservative.«

Diese Lösung erinnert stark an das, was General Petraeus nach dem Sturz von Saddam Hussein in Mosul eingerichtet hatte, und wir haben die Grenzen dieser Lösung gesehen. Ein weiteres Problem besteht darin, dass das Regime wenig geneigt ist, eine politische Lösung zu akzeptieren. Und der Islamische Staat vertritt zweifellos die gleiche Meinung. »Deshalb bräuchte es alle Kraft und den Druck der internationalen Gemeinschaft, um die Akteure dazu zu zwingen«, bekräftigt Riad Seïf.

Die Lösung der regionalen Krise läuft unausweichlich über die Basis. Und sie darf die Wirtschaft nicht vergessen. Sie könnte übrigens gerade von der Wirtschaft ausgehen. »Es gibt in einigen Stadtvierteln oder Dörfern, besonders in der Region von Idlib, aber auch in Aleppo, Modelle der kollektiven

Verwaltung, die sehr kreativ vorgehen«[96], bemerkt die französisch-syrische Journalistin Hala Kodmani, die bewundernd hinzufügt: »Es gibt einen Lebenshauch, der nicht erlöschen will!« Sie erzählt von Begegnungen mit Frauen im Besonderen, die das Untergeschoss streichen, um eine Schule einzurichten und zu versuchen, die Kinder wieder zu beschulen, von denen manche teilweise seit drei Jahren keinen Unterricht mehr hatten. Sie erwähnt die Anstrengungen, die in den vom Regime befreiten Gebieten unternommen werden, um die lokale Wirtschaft wieder anzukurbeln. Die Hilfe für das Einrichten eines Mikro-Unternehmens, einer Kooperative ist manchmal viel effizienter als eine große humanitäre Hilfsaktion. Die Syrer sind ein echter Trumpf, den es nicht zu unterschätzen gilt.

Schließlich könnte auch das Einbeziehen syrischer Geschäftsleute helfen, eine Dynamik zu entwickeln. Sie besitzen noch ein substantielles Vermögen. Einige sind bereits in die Oppositionsbewegung involviert und finanzieren von ihrem Exil im Ausland aus Medien oder bewaffnete Gruppen. Aber die meisten nehmen noch eine abwartende Haltung ein und wollen ihr Pulver nicht verschießen, solange die Situation weiterhin blockiert ist. Sie warten auf ein Startsignal, um sich zu engagieren. »Alle Geschäftsleute sind bereit und warten auf den Beginn des Wiederaufbaus«, bestätigt Ayman Abdel-Nour. »Sie warten nur darauf zurückkommen und in die Zukunft ihres Landes investieren zu können.«[97] Dschihad Yazigi wägt ab: »Die syrischen, aber auch libanesischen Geschäftsleute erwarten alle den Wiederaufbau, aber wegen der Sanktionen wird es keinen Wiederaufbau mit Baschar an der Macht geben.«[98]

10. Den Islamischen Staat verstehen

*Der Islamische Staat ist ebenso eine Sekte wie
eine terroristische Gruppe. Die vom Dschihad
Enttäuschten brauchen eine Ausstiegsmöglichkeit.
Warum keinen »legalen Dschihad«?*

Es wird oft beklagt, es fehle an Anhaltspunkten, um den Islamischen Staat zu verstehen. Medien und Politiker wiederholen dieselben Erklärungsansätze und Klischees. Dabei setzt die Organisation lediglich eine Politik in die Tat um, die vor zehn Jahren entwickelt und seitdem in dschihadistischen Foren verbreitet und in mehrere Sprachen übersetzt wurde. Der Urheber ist ein gewisser Abu Bakr al-Najdi, seinem Kriegsnamen zufolge offenbar saudischer Staatsbürger. Sein Manifest trägt den Titel: »Die Steuerung der Wildheit: die kritischste Etappe, die die Umma überwinden muss«. Der Plan ist unerbittlich: Es geht darum, vom Autoritarismus der arabischen Regime zu profitieren und auf deren Kosten damit zu spielen, ähnlich den Prinzipien von Kampfsportarten, bei denen es ebenfalls darum geht, Kräfte – in diesem Fall die Gewalt – des Gegners umzulenken und gegen ihn zu richten.

Indem die örtlichen Frustrationen, die Propaganda und die politische Gewalt gegenüber der Bevölkerung verstärkt werden, soll eine Gewaltspirale in Gang gesetzt werden. Die Machtapparate antworten mit noch mehr Gewalt. Letztlich verlieren die Regierungen in den Augen ihrer Untergebenen ihre gesamte Glaubwürdigkeit. Angesichts des provozierten Chaos greifen die Dschihadisten ein und präsentieren sich als Alternative zu den gescheiterten Staaten. »Indem sie die

Sicherheit wieder herstellen, das Sozialsystem wieder aufstellen, Medikamente und Nahrung verteilen und die Territorialverwaltung übernehmen, verwalten sie das Chaos, genau nach dem Hobbes'schen Schema der Staatskonstruktion«, beschreibt der Fachberater Frantz Glasman in einer Studie, die auch eine Zusammenfassung des Pamphlets enthält.»In dem Maße, wie die ›Territorien des Chaos‹ sich ausbreiten, werden auch die von den Dschihadisten verwalteteten Gebiete zahlreicher und bilden schließlich den Kern ihres zukünftigen Kalifats. Überzeugt oder nicht, die Bevölkerung wird die islamistische Herrschaft akzeptieren.«[99]

Diese Theoretisierung der Grausamkeit in der Politik stellt eine Besonderheit dar, auch wenn sie auf recht klassische Weise anderen Theoretikern des Nihilismus nahesteht und sich Praktiken radikaler Gruppen bedient, wie man sie in zahlreichen Ländern beobachten kann. Sie grenzt sich klar von den Gepflogenheiten der al-Qaida ab. Al-Qaida konzentriert sich auf den weit entfernten Feind, den Westen, der oft als Stellvertreter Israels dargestellt wird, und hat vor allem keine territorialen Ansprüche, jedenfalls nicht auf kurze Sicht.

Der Islamische Staat konzentriert sich im Gegenteil auf den Feind in der Nähe. Für die jungen Menschen, die heute in Syrien kämpfen, stellen die Schiiten einen deutlich greifbareren Feind dar als die Christen oder die Juden (diese sind die ursprünglichen Zielscheiben der al-Qaida, deren Name zu Anfang »Weltweite islamische Front des Dschihad gegen Juden und Kreuzritter« war). Überhaupt lautet der Wahlspruch des Islamischen Staates: »Neun Kugeln für die Abtrünnigen, eine Kugel für die Kreuzritter.« Die nahe stehenden Feinde haben Priorität. Seine Strategie besteht darin, von der Schwäche eines

Staates zu profitieren, wenn nicht gar sie heraufzubeschwören und so seinen Sturz zu beschleunigen, um sich das verlassene Territorium einzuverleiben und die dort lebende Bevölkerung zu unterwerfen. Der Unterschied in der Vorgehensweise und in der Kommunikation ist offensichtlich. Es bedurfte des Aufstiegs des Islamischen Staates, um zu begreifen, in welchem Maße al-Qaida eine Bewegung von Vermögenden ist! Osama bin Laden war Milliardär, stammte aus einer großen Familie. Er hatte studiert, den Westen bereist. Abu Musab al-Sarkawi dagegen stammte aus einer Flüchtlingsfamilie. Er hat seine Kindheit in einer der hässlichsten, dreckigsten und von Luftverschmutzung betroffenen Städte in Jordanien verbracht. Bin Laden war ein Sprössling der saudischen »Bouygues«-Sippe. Er sprach mit der Bourgeoisie, den reichen reaktionären Sponsoren in den Golfstaaten. Sarkawi wendete sich an die Straßenkinder des Mittleren Ostens, aber auch an unsere. Wenn Osama bin Laden der Welt etwas mitteilen wollte, ließ er eine sorgfältige Aufzeichnung anfertigen, in der er ausführlich mit religiösen und politischen Referenzen seine Weltsicht darlegte. Wenn Sarkawi eine Botschaft ablieferte, sahen wir ihn mit einem Messer in der Hand. Er trug stockend einige Worte vor, dann enthauptete er seine Geisel, Nicholas Berg, und lud den kaum einige Dutzend Sekunden dauernden Film dann auf Youtube hoch. So war es schon 2004 im Irak ... Das ideologische Fundament ist auf die simpelste Ausdrucksform beschränkt, keine langen Abhandlungen. Man ist geneigt zu behaupten, es gäbe gar keine Botschaft. Aber tatsächlich *ist* die Gewalt die Botschaft.

Frantz Glasman hat indessen darauf verwiesen, dass es schwierig sei, das mittels Chaos einmal eingenommene Territorium auch dauerhaft so zu verwalten, dass das Kalifat nicht zusammenbreche, sei es aufgrund seiner Führungsschwäche, sei es aufgrund des Widerstands bewaffneter Gruppen vom Typ Sahwa, die sich als Gegenreaktion bilden würden. 2010 wurde ein Text zur Stärkung des Islamischen Staates veröffentlicht, der Grundprinzipien vorschreibt, um dem Kalifat Dauer zu verleihen.

Zunächst geht es dabei darum, darauf zu achten, möglichst die gesamte Zielgruppe (in diesem Fall die sunnitischen Araber) zu versammeln, und zu vermeiden, es sich mit ihnen zu verscherzen. Dafür müssen die anfänglichen Terrormaßnahmen, die zunächst nötig seien, um sich in einem Gebiet gegen mögliche Konkurrenten durchzusetzen, gegen eine effiziente Verwaltung eingetauscht werden. Das Kalifat soll besonders dafür Sorge tragen, der Bevölkerung eine Grundversorgung öffentlicher Dienstleistungen und Sicherheitsmaßnahmen zu gewähren. Natürlich ist es umso leichter, den Zusammenhalt zu propagieren, je gewaltsamer und sektiererischer der gemeinsame Feind vorgehe. Assad und al-Maliki sind die erwählten Partner, der Ägypter al-Sisi steht ganz oben auf der Kandidatenliste.

In militärischer Hinsicht ist der Terror eine Waffe. Es reicht nicht, einen Feind, einen Schiiten, einen Kurden, einen irakischen Soldaten oder einen syrischen Revolutionär zu töten. Man muss seinen Körper entwürdigen, indem man ihn enthauptet, kreuzigt und vor allem filmt, ihn filmt und dann das Bild so weiträumig wie möglich verbreitet. Der Horror soll den Gegner entmutigen, sein Engagement lähmen, seine Ränge auflösen, zum Desertieren aufrufen und zur Flucht. Zweifellos hatten die irakischen Soldaten, die ihre Posten verlassen haben, um Mosul den Dschihadisten auszuliefern, diese

Scheußlichkeiten des Islamischen Staates im Kopf, die sie im Internet gesehen hatten!

Das dschihadistische Dokument zitiert Sun Tzu[100] zur Politik der verbrannten Erde. Er rät, Überfallaktionen zu bevorzugen, denn sie kosten weniger und erweisen sich als wirkungsvoller als große Kämpfe. Der Druck auf den Feind sollte ununterbrochen aufrechterhalten werden, indem er beständig bedroht wird, vor allem durch die Ermordung von hochrangigen Persönlichkeiten.

Der Islamische Staat hat seine Lehren aus den Sahwas gezogen, die von den Amerikanern im Irak eingesetzt wurden. Er hat deren Wirksamkeit erkannt, die furchterregend war, denn sie schafften es in gerade einmal zwei Jahren, al-Qaida auf dem irakischen Gebiet praktisch auszumerzen. Er hat aber auch gemerkt, dass die von den Amerikanern mobilisierten Stämme dies weniger aus politischen Gründen taten, sondern hauptsächlich des Geldes wegen. Das Geld hat sie korrumpiert und weitgehend kriminalisiert. Der Islamische Staat hat dazu aufgerufen, die Idee der Sahwas zu seinen Gunsten umzudrehen, und noch vor der Regierung die Initiative ergriffen, die Stämme zu bewaffnen und sie den eigenen Reihen einzuverleiben. Und um sich ihrer Loyalität zu versichern, zieht er es vor, sie nicht zu bezahlen, sondern ihnen tatsächliche Autorität abzutreten und sie so zu Verbündeten auf lokaler Ebene zu machen. Dieser Rückzug erlaubt es der Gruppe, Kämpfer frei zu haben sowie Mittel zu sparen und sich dabei gleichzeitig der Treue der Partner zu versichern.

Der Islamexperte Romain Caillet stieß in den Medien auf großes Interesse, als er erklärte, der Islamische Staat lasse al-Qaida

»alt aussehen«. Genau darum geht es. Er macht aus dem Dschihad ein Produkt der Globalisierung mit starkem westlichen Einschlag. Die Leistung des Islamischen Staates besteht darin, unter unseren verlorenen jungen Leuten die Idee zu verbreiten, der »Dschihad ist cool«. So sehr die Anhänger von al-Qaida in der orientalischen Kultur mit deutlich regionalen Bezügen beheimatet waren, so sehr sind die Gefolgsleute des Islamischen Staates Produkte von Facebook und Twitter.

Die Art und Weise, wie sie den Hashtag *#Ferguson* während der Rassenunruhen in den Vereinigten Staaten instrumentalisierten, um nicht ohne eine gewisse Ironie unter den Afroamerikanern die Botschaft zu verbreiten, der Koran sichere die Rassengleichheit, zeigt die Findigkeit ihres Umgangs mit sozialen Netzwerken. Außerdem sind sie sehr geschickt darin, Versuche eines Gegendiskurses aufzuzeigen und machen sich einen Spaß daraus, den Twitteraccount des amerikanischen State Departement @ThinkAgain_Dos auf die Schippe zu nehmen, indem sie ihm – meist unbeholfen, aber gelegentlich auch auf humorvolle Art – seine eigene Widersprüche vorhalten.

Die Dschihadisten des Islamischen Staates sind Fans der *LOLCats*. Sie geben sich selbst den Spitznamen *Fanboys*. Sie haben alle *Game of Thrones*, *Der Herr der Ringe* und *Harry Potter* gesehen. Mehrere zitierten mir aus dem Film *Matrix*, in dem sie Anklänge ihres eigenen Engagements sehen. Einige trainieren mit dem Videospiel *Call of Duty* für den Kampf. Einer meiner Gefängniswärter, ein Brite und einer der sadistischsten, war Fan der *Simpsons*. Andere sehen selbst in der Art, wie Videos von Enthauptungen gedreht werden, Anspielungen auf die Realityshow *Top Chef*.

Um ihre Gewaltakte zu rechtfertigen, erinnern sie in den sozialen Netzwerken daran, dass wir nicht in einer Welt der Glücksbärchis leben (oder, für den englischsprachigen Raum, der Teletubbies). Selbst Mehdi Nemmouche summte, neben zahlreichen anderen Bezugnahmen auf Film und Fernsehen, die Melodien des *Club Dorothée*. Allerdings dürfen die Kämpfer, wenn sie schließlich dort ankommen, weder fernsehen noch Musik hören. Diese Aktivitäten gelten als *haram*, mit einem religiösen Verbot belegt. Ergebnis: Sie geben sich den *Nashids* hin, a-cappella vorgetragenen Gesängen, die mit eindrucksvollen Spezialeffekten aufgepeppt werden und eine unbestreitbar hypnotisierende Wirkung haben. Ich erinnere mich daran, zunächst stundenlang *Dawlat al-Islam Qamat* oder *Nahnu Ansar Ash-Shariah* von den Computern und Handys meiner Gefängniswärter gehört zu haben. Später haben sie das unablässig vor sich hin gesungen. Diese Melodien sind Ohrwürmer, so konzipiert, dass sie einem nicht mehr aus dem Kopf gehen.

Eine große Zahl der Dschihadisten sind ziemlich lausige Moslems und in der Regel noch gar nicht lange dabei. Sie sind konvertiert oder haben ihren Glauben wiederentdeckt und sie kompensieren den Umstand, dass ihr Glaube erst ganz frisch ist, mit unglaublicher Radikalität. »Dank der Arbeit des Staates, des französischen Auslandsgeheimdienstes (Direction Générale de la Sécurité Extérieure) und verschiedener Vereine wissen wir, dass im Durchschnitt von 120 Familien, deren Kinder sich aufgemacht haben, mit Daesh in den Dschihad zu ziehen, 70 % Atheisten sind und 80 % keinerlei direkten oder länger zurückliegenden Bezug zur Einwanderung haben«, erklärt der Abgeordnete Patrick Mennucci.[101] »Von den 650 Anrufen unter der Hotline zur Meldung von sich radikalisierenden Personen (die im Rahmen einer gegen den Dschihad gerichteten Regierungsmaßnahme eingerichtet wurde), kamen in den letzten sechs Monaten – man könnte auch sagen, seit ihrer Einrichtung – 55 % von arabisch-muslimischen Familien, 45 % von Familien anderer Kultur- und Religionszugehörigkeit.«

Maha Yahya, Forscherin am Carnegie Middel East Center, hat einen Artikel mit provokantem Titel veröffentlicht: »Die äußerste fatale Anziehungskraft. Fünf Gründe, warum sich Menschen dem IS anschließen«[102]. Sie listet der Reihenfolge nach Folgendes auf: das Versagen des Schulsystems, das Fehlen wirtschaftlicher Möglichkeiten angesichts der Alterspyramide und des Mangels an Wirtschaftswachstum, die schlechte Regierungsarbeit der Staaten in der Region, die mit ihrem Autoritarismus das Vertrauen der Bevölkerung verspielt hätten. Der Arabische Frühling (sie bevorzugt die Bezeichnung »Arabisches Erwachen«) habe die Situation noch verschlimmert, und zwar im Zuge des Verlustes an Vertrauen in den Westen und der damit einhergehenden enormen Enttäuschung angesichts all seiner Aktionen. Die Araber seien mittlerweile so weit, dem Westen systematisch unlautere Absichten zu unterstellen, fast im Sinne einer Verschwörungstheorie, egal ob er nun eingreife oder sich zurückhalte.

Die Autorin denkt die Überlegungen ihrer Studie jedoch nicht bis zum Ende. Denn die sozialen, wirtschaftlichen und politischen Gründe, die sie als für den Islamischen Staat günstige Faktoren beschreibt, sind im Grunde genommen auch die treibenden Faktoren für den Arabischen Frühling selbst. Der Unterschied, ob eine Rebellion am Ende Demokratie hervorbringt oder in Gewalt abdriftet, wird letztlich durch die Reaktion des Staates bestimmt. Weil aber die arabischen Regime keinerlei Raum für Protest ließen, hatte die friedliche Opposition nicht die geringste Chance. Die Unterstützung des Westens dieser Regime ist deshalb auch der Hauptgrund für den Vertrauensverlust, mit dem wir in der Region konfrontiert sind. Wir können nur dann neue Verbindungen knüpfen, wenn wir uns klar von den Regierungen abgrenzen.

Einer meiner Freunde arbeitet als Berater auf Vertragsbasis bei der Behörde der Vereinigten Staaten für internationale Entwicklung (United States Agency for International Development, USAID). Kürzlich berichtete er mir von seiner Entmutigung: »Die Amerikaner haben exzellente Experten, die seit langem verstanden haben, welche Schlüssel und Gründe es für Krisen gibt, und die ausgezeichnete Ideen haben, wie man sie bewältigen könnte. Das Problem beginnt, wenn ihre Vorschläge nach ganz oben gelangen. Niemand will ihnen zuhören. Sobald man sich von der gerade gängigen Doxa entfernt, werden auch die noch so intelligenten Reden unhörbar.«

Man muss Olivier Roy bei seiner Analyse der sozialen und psychologischen Gründe für das Engagement der Dschihadisten im Islamischen Staat in vielen Punkten recht geben. »Wir stehen einem generationellen Nihilismus gegenüber, einer Jugend, die vom Tod fasziniert ist«, erklärte der Soziologe bei Erscheinen seines letzten Buches in einem Interview mit der Wochenzeitschrift *L'Express*. »Dieses Phänomen zeigt sich in ihrem Risikoverhalten, ihrem Hang zu Überdosis und Satanismus … Bei einigen lässt sich eine pathologische Disposition zur Morbidität erkennen. Bei Daesh finden sich die verlorenen, frustrierten oder marginalisierten Kinder der Globalisierung eingehüllt in einem Gefühl der Allmacht wieder, die aus ihrer eigenen, zudem in ihren Augen legitimen Gewalt resultiert.« Er stellt fest, dass »Daesh ihnen ein Spielfeld bietet, auf dem sie sich verwirklichen können. Das ist sein Geniestreich. Er kann deutlich mehr Freiwillige aufnehmen als al-Qaida, die im Untergrund Mitglieder rekrutiert. Inzwischen können diese Dschihadisten vor aller Augen kämpfen und in islamistischen Truppen ein Territorium verteidigen. Sie inszenieren sich als Helden in Videobotschaften, in denen sie erklären, warum sie glücklich sind den Märtyrertod zu sterben.«

Das Interpretationsmuster, das man normalerweise für fanatische Erscheinungen nutzt, ist besonders geeignet, individuelle Schritte zu analysieren, die Dschihadisten unternehmen, um sich dem Islamischen Staat anzuschließen. Der Prozess beginnt oft mit einem Ereignis, das die betreffenden Personen als »Schicksalsschlag« bezeichnen, meist ein schwerwiegender familiärer Konflikt, die Trennung in einer Liebesbeziehung oder eine bewusste Abwendung vom »schlechten Leben« nach einer kriminellen Karriere. Durch soziale Medien sind sie Darstellungen extremer Gewalt ausgesetzt, die dazu beitragen, sie anfällig zu machen, ihre Urteilsfähigkeit auszuhebeln und sie schließlich so zu konditionieren, dass eine echte Gehirnwäsche stattfinden kann. Wie es ist, Gewalt ausgesetzt zu sein, habe ich am eigenen Leib erfahren. Es ist extrem verstörend. Nachdem ich einige Jahre über den Syrienkonflikt berichtet hatte, konfrontierten mich die sozialen Netzwerke unablässig mit Bildern von misshandelten Körpern, von Kinderleichen, mit grauem Staub bedeckt, die man nach den Bombenangriffen aus dem Schutt gezogen hatte, von verstümmelten Opfern, von Blut, von qualmenden Stücken Haut und Knochen. Ein Stapel Horrorbilder, die man in der Realität des Kampfschauplatzes nie in geballter Form zu sehen bekommt und für die Journalisten, Mitarbeiter humanitärer Organisationen und Kämpfende von Berufs wegen eine Art Warnmechanismus entwickeln, um posttraumatischem Stress vorzubeugen. Früher war man diesen schrecklichen Bildern nur während des Einsatzes in Frontnähe ausgesetzt und hatte die Möglichkeit, sich wieder zu entziehen. Und keine Front bietet eine vergleichbare Intensität der Gräuel wie das Internet. Per Internet kommt die Gewalt ohne Vorwarnung direkt in den häuslichen Schutzraum, mitten hinein in die Normalität des westlichen Alltagslebens, und zwar in einer Intensität, die deutlich über dem liegt, was man selbst in den heftigsten Konfliktzonen erleben kann. Man kann sich unschwer vorstellen, wie sich dieser destabilisierende Einfluss auswirkt. Die anwerbenden Dschihadisten sind sich dessen bewusst und nutzen den Effekt geschickt für ihre Zwecke. Die zukünftigen Dschihadisten konstruieren sich Stück für Stück eine Weltanschauung[103], die mit der Wirklichkeit nur noch wenig zu tun hat. Ihre Vorstellung der Welt gründet sich auf eine breite Verschwörungstheorie der Starken gegen die Schwachen, auf ein Märtyrertum der Muslime (einiger Muslime, denn sie sind natürlich sehr selektiv, wenn es darum geht, die Mitglieder der Gemeinschaft zu definieren) und auf ein Anprangern des medialen Diskurses, der ihrer Meinung nach mit zweierlei Maß messe. Diese Weltanschauung ist umso schwieriger zu dechiffrieren, als sie, wie extrem und überzeichnet auch immer, Bezug nimmt auf gewisse Realitäten, die uns eine Reihe unserer eigenen Fehler entgegenhalten.

John Bell, Leiter des Mittleren-Orient-Programms am Internationalen Friedenszentrum Toledo, zeigt eine erstaunliche Parallele zwischen der Inquisition und dem Islamischen Staat auf.[104] In beiden Fällen fänden wir die Idee der öffentlichen Verbrennung, eines Glaubensbeweises, der als Rechtfertigung für Verbrechen diene. Außerdem den Ausschluss aus der Gemeinschaft, den Takfir, was der Exkommunizierung entspreche. In beiden Fällen gehe es auch um die Verfolgung von Minderheiten: Die Jesiden und Ismailiten träten an die Stelle der Katharer und der Hugenotten, die im Namen der notwendigen Reinheit des Glaubens verfolgt worden seien. Und beide schließlich benutzten Gewalt und Folter, sähen den Tod als Mittel, um ihre exklusive Vision der Religion durchzusetzen.

Um die Reihe der ikonoklastischen Vergleiche noch fortzusetzen, ist es aufschlussreich festzustellen, dass die Freiwilligen, die sich aus unseren Ländern aufmachen, um gegen den Islamischen Staat zu kämpfen, dies aus ziemlich ähnlicher Motivation tun wie diejenigen, die aufbrechen, um in den Reihen des IS zu kämpfen. Die Facebook-Seite »Die Löwen von Rojava« ist eine im Westen aktive offizielle Anwerbeplattform der kurdischen PYD (»Partei der Demokratischen Union«). Veteranen, denen Anerkennung fehlt, melden sich dort genauso zum Dschihad wie abgestumpfte Biker. Sie wollen gegen den Islamischen Staat kämpfen, an der Seite von Peschmerga-Truppen, deren Anziehungskraft für die westliche Öffentlichkeit wir bereits angesprochen haben. Der Diskurs dieser »Löwen« (ein Begriff, der sich sowohl bei den

Propagandisten des Islamischen Staates als auch der PYD findet) greift auf eine ähnliche Rhetorik zurück wie der ihrer Gegner: »SEND TERRORISTS TO HELL and SAVE HUMANITY«.

Ausgangspunkt ist dieselbe Gutgläubigkeit. Zunächst ist es das gleiche naive Engagement für einen Kampf, der ihre Fähigkeiten übersteigt, vermischt mit der Hoffnung auf ein tolles Abenteuer, das es ihnen ermöglichen würde, dem allzu frustrierenden Leben zu entkommen und mit ein bisschen Action die Langeweile des Alltags aufzumischen. Ist es da nicht wenig überraschend, dass der Politologe Mohamed Tozy sich für die »Romantik des Dschihad« interessiert? Beide Seiten hätten das Gefühl, den Spanischen Bürgerkrieg nachzuspielen, die Internationalen Brigaden von heute zu stellen und natürlich auf der richtigen Seite der Geschichte zu stehen. Sie hätten auch die gleiche, sehr eingeschränkte Art, Mitgefühl auszudrücken, sodass man letztlich zu dem Schluss kommen könne, dass die Kämpfenden auf beiden Seiten Opfer einer Vereinnahmung durch einen vergleichbaren Fanatismus seien – auch wenn ich selbst hier durchaus die Unterschiede in ihrem jeweiligen Grad an krimineller Energie unterstreichen möchte.

Wenn man den Islamischen Staat auf seine Ausgangslage als Sekte zurückführt, holt man ihn gleichzeitig von seinem Sockel und nimmt ihm das Etikett der »terroristischen Supertruppe«, das seinem eigenen Idealbild entspricht und das auch unsere Regierungen ihm anzuheften versuchen (die meisten westlichen Länder befinden sich im Krieg gegen den Islamischen Staat und eine Inszenierung der Feindschaft gehört mit zu den Anstrengungen der Kriegsvorbereitung). Die mediale Berichterstattung über den Islamischen Staat hat ebensolche Schwachstellen. Sie bleibt extrem emotional aufgeladen, verdammt ihn in Grund und Boden (die Bezeichnung »terroristisch« ist zu einem neuen Godwin-Punkt geworden) und versucht weder nachzuvollziehen, warum Menschen sich aufmachen, um zu kämpfen, noch die Reaktionen der Bevölkerung vor Ort zu beleuchten. Der Islamische Staat hat eine Legende konstruiert und wir kaufen sie ihm ab. Wir glauben, dass wir ihn auf Abstand halten können, indem wir uns verbieten, ihn so zu bezeichnen (»Organisation Islamischer Staat« oder »Daesh« sind die meistgenutzten Begriffe in den französischen Medien) oder indem wir in Fernsehreportagen den Untertitel »Propagandabilder« einfügen. Dennoch gehen wir ihm auf den Leim. Trotz dieser Versuche, sich reinzuwaschen, verbreiten die Fernsehsender weiterhin die spektakulärsten Videos, die der Islamische Staat selbst produziert. Bei jedem Ausbruch barbarischer Gewalt sind unsere Medien schnellstens zur Stelle und kommen so dem Wunsch des Islamischen Staates entgegen, sich in unsere Agenda zu drängen. Es ist inzwischen so weit gekommen, dass jeder Durchgeknallte weiß, dass er nur mit einer schwarzen Fahne zu wedeln braucht, um ins Fernsehen zu kommen. Erfolgsgarantie! »Wir sind sensationslüstern und bedienen das Zwielichtige, voll auf der Gefühlsschiene«, bedauert Romain Gaillet in einem Interview mit Mediapart.[105] »Das hat alles keinen Sinn. Ich habe so gut wie nie über die französischen Dschihadisten geforscht, aber der Großteil der Journalisten, die mit mir Kontakt aufnehmen, stellen mir genau dazu Fragen.«

Polizei und Justiz gehen ebenfalls in die Irre, wenn sie die kleinen Jungs des Dschihad als Anführer des Terrorismus ausgeben. In Frankreich gab es im Herbst 2014 erstmals Prozesse gegen Dschihad-Rückkehrer. Der erste Verurteilte, ein zum Islam Konvertierter mit dem Namen Flavien, bekam eine siebenjährige Gefängnisstrafe aufgebrummt. Es handelt sich um eine exemplarische Strafe für die terroristische Ausrichtung der ihm zur Last gelegten Taten. Während der Islamische Staat im großen Umfang rekrutiert, wollte das Gericht mit der Strafe die Gemüter aufrütteln und zeigen, dass es nicht harmlos ist, sich einer solchen Gruppierung anzuschließen. Es ging darum, auf Gedeih und Verderb ein Exempel zu statuieren. Dieser Flavien scheint ein ausgemachter Naivling zu sein, wenn er im Zeugenstand die denkwürdige Antwort gibt: »Ich war für al-Qaida, aber ich war gegen die Gewalt.« Tatsächlich hat er wahrscheinlich gar nicht gekämpft. Insgesamt war er nur zehn Tage in Syrien, und außerdem war das im Dezember 2012, also zu einem Zeitpunkt, als der Islamische Staat noch gar nicht existierte. Wenn man diese Art der Rechtsprechung in gleicher Weise auf Hunderte junger Franzosen anwendet, die wirklich für den Islamischen Staat gekämpft haben, welche Strafen müsste man dann verhängen? Und wo sollten sie verbüßt werden? Es bestünde das Risiko, ein französisches Guantanamo zu errichten und dabei der Empfehlung des Abgeordneten Nicolas Dupont-Aignan zu folgen, der in einem Anfall von Populismus vorschlug, die Strafkolonie auf der Halbinsel Cayenne neu zu eröffnen.

2014 erhielt ich an einem Oktobermorgen die Nachricht eines jungen Mannes aus Sitten in der Schweiz: »Als unabhängiger Fotograf und Berufsanfänger würde ich gern, nach zahlreichen Reisen in Palästina, eine Fotoreportage über Syrien machen, die hoffentlich ›schockierend‹ genug wäre, um mich bekannt zu machen. Vor Ort nahm ich Kontakte auf und ich ging Verbindungen mit den falschen Leuten ein, oder wurde dazu gedrängt. Im Jahr zuvor war ich Moslem geworden und so hat man mich überredet, nicht deshalb nach Syrien zu gehen, um meine Reportage zu machen, sondern um, wie sie mir sagten, meinen ›Dschihad‹ zu machen und als Moslem Syrien und der Bevölkerung zu helfen, entweder mit Fotos oder in der medizinischen Ambulanz.«

Der junge Mann, nennen wir ihn Sebastien, wird an der Grenze geschnappt und bald von Männern des Islamischen Staates eingesperrt, als er ihnen zu verstehen gibt, dass er gedenkt nach Hause zurückzukehren. Er verbringt zwei Monate in den Kerkern der Dschihadisten, wird von Aleppo nach Raqqa verschleppt und profitiert schließlich vom milden Urteil eines Quadi (islamischer Richter), der ihn gehen lässt und ihm sogar seine persönlichen Habseligkeiten zurückgibt, die man konfisziert hatte.[106]

Das war im Frühjahr 2014. Die Sebastiens von heute haben dieses Glück nicht mehr. Inzwischen ist die Reise nach Syrien unweigerlich nur noch eine Einbahnstraße. Der Islamische Staat lässt die vom Dschihad Enttäuschten nicht mehr auf eigene Faust zurückkehren. Sie sind zahlreich. Um Unterwanderung und Austritte zu verhindern, werden diejenigen, die nach Hause zurückkehren möchten, in der Regel daran gehindert. Viele von ihnen werden eingesperrt, einige hingerichtet. Daraus resultiert für uns eine schwierige moralische Frage: Stellen wir uns eine gewalttätige Sekte vor, die ihre Mitglieder daran hindert, auszutreten, und sie sogar mit dem Tod bedroht, welche Maßnahmen können wir dann ergreifen, um diese Mitglieder zu bekämpfen? Aufforderung zu desertieren? Fluchtmöglichkeiten bieten? Stattdessen sieht sich ein junger Mensch, der in ein dschihadistisches Abenteuer geraten ist und das Ganze bedauert, allen möglichen Hindernissen ausgesetzt: die Gruppe hält ihn zurück und ihn erwartet die Aussicht, dass er, sollte er es schaffen, aus Syrien zu fliehen, in seiner Heimat eingesperrt wird, und dies sicherlich für lange Zeit. Wenn es uns also darum geht, ihn zu »entradikalisieren«, um einen schrecklichen Neologismus zu gebrauchen, dann sollte man sich geeignetere Maßnahmen ausdenken. Denn die vom Dschihad Enttäuschten sind wahrscheinlich unsere besten Verbündeten im Kampf gegen die Rekrutierung.

Um dem Phänomen der Radikalisierung vorzubeugen, sollten wir, anstatt die von arabischen Diktatoren bezahlten Imame in den Vordergrund zu stellen, lieber versuchen, den guten Willen derjenigen Muslime oder Nichtmuslime zu nutzen, die von den in Syrien begangenen Verbrechen schockiert sind und sich einfach nur fragen: »Wie kann ich helfen?« Sollte man also nicht einen »legalen Dschihad« erfinden, um die Flaviens und Sebastiens davon abzuhalten, sich in die Fänge der Terroristen zu begeben? Ein humanitäres, soziales oder sonst wie geartetes Engagement? Meiner Kenntnis nach existiert allerdings bislang kein derartiges Programm.

Ganz nebenbei würde eine solche Initiative es den Moslems erlauben, sich den Begriff »Dschihad« wieder anzueignen, der von den Terroristen pervertiert und von den westlichen Medien umgelenkt wurde. Der Dschihad, das vergessen wir meist, ist ursprünglich einer der schönsten Begriffe des Islam. Er bezeichnet die Anstrengung, an sich und für sich eine Verbesserung anzustreben, um das Leben insgesamt zu verbessern und die Welt gerechter zu machen.

Unsere Jugend, von der wir so oft sagen, dass ihr Werte fehlen, und die wir vorschnell als individualistisch und materialistisch abstempeln, verdient es, dass wir ihr andere Möglichkeiten des Engagements anbieten als die, sich einer kriminellen Bande anzuschließen.

Fazit: Ein neuer Staat der Barbarei

Der Erfolg des Islamischen Staates ist die Folge etlicher unserer Fehler. Er ist das Ergebnis einer für unwahrscheinlich gehaltenen gegenseitigen Befruchtung zweier Gruppen, die der Forscher François Burgat[107] sehr zu Recht als »Dschihadisten ohne Grenzen« und als »angry sunnis« (wütende Sunniten) bezeichnet hat.[108] Die beiden Gruppen treffen sich auf dem Territorium des Irak und Syriens, um gemeinsam ein ideales, weitgehend zusammenfantasiertes »Sunnistan« zu schaffen. Auf der Seite der Dschihadisten geht es sicherlich um eine Identitätskrise, um das Gefühl, »die Ausgestoßenen der politischen Systeme ihrer Herkunftsländer zu sein [...]. Die ›Maschinerie‹, die in Frankreich eine Handvoll Individuen radikalisiert, ist also nicht nur wirtschaftlich und sozial, und auch nicht nur religiös zu erklären. Sie ist vor allem eine politische. Das Unbehagen sehr vieler, vor allem junger Moslems (auch derjenigen, die sich von Verhaltensweisen, die zum Bruch mit der Gesellschaft führen, abgrenzen) lässt sich nicht ausschließlich auf tatsächliche Schwierigkeiten bei der beruflichen Eingliederung derer, die man nachlässig ›Vorstadtjungend‹ nennt, zurückführen und noch weniger auf ihre gute oder schlechte

Interpretation der moslemischen Glaubenssätze. Sie verlangt eine einfache politische Analyse.«[109]

Der Radikalisierungsmechanismus greift auf zwei Ebenen. Auf individueller Ebene funktioniert er über gescheiterte Integration und identitäre Diskurse, die Exklusion bewirken. Auf diplomatischer Ebene geht es um die bevorzugte Beziehung zu den jeweiligen Autokraten und nicht zu ihrer Bevölkerung. Die Haltung Europas und der Vereinigten Staaten gegenüber dem früheren ägyptischen Armeechef und heutigen Präsidenten Abdel Fattah al-Sisi zeigt symptomatisch, dass wir die erste Lehre aus dem Arabischen Frühling nicht gelernt haben. Unter den Vertretern unserer politischen Klasse hält sich hartnäckig die Idee, Diktaturen könnten ein Schutzwall gegen Extremismus sein. Dabei ist genau das Gegenteil der Fall. Wir haben es gesehen und wissen es genau. In Wirklichkeit ist die Diktatur der Nährboden und zugleich der Treibstoff für Extremismus.

Warum eine solche Blindheit? »Wohlwollend formuliert, kann man sagen, es handelt sich um einen Analysefehler, das Gift für ein Gegenmittel zu halten. Das heißt, zu glauben, die Regime böten einen Schutz gegen Extremismus, die im Gegenteil dem Extremismus den Weg bereiten, indem sie Wege der legalen politischen Mitbestimmung blockieren«, antwortet der Politologe Thomas Picrret. »Will man ein strengeres Urteil fällen, muss man sagen, dass ein Teil der öffentlichen Meinung im Westen nur bereit ist, den Arabern das Wahlrecht zuzugestehen, wenn das Wahlergebnis ausschließlich solche Parteien stärkt, die in allen Punkten unseren Ansprüchen entsprechen, also pro-westlich, laizistisch und wirtschaftlich liberal ausgerichtet sind.«[110]

Wir im Westen pochen regelmäßig auf unsere Vorbild-funktion. Wir sehen uns gern als Garanten des Fortschritts, der Zivilisation, der Demokratie. Solche Überlegungen speisten im 19. Jahrhundert beispielsweise den linken Kolonialismus. Allerdings müssen wir zugestehen, dass wir in Syrien individuelle Initiativen des Mutes und des Engagements beobachten konnten. Die Syrer waren bemerkenswert und unglaublich einfallsreich in ihren Versuchen, trotz der Unterdrückung demokratische Strukturen hervorzubringen.

Einer der weitgehend unbekannten Helden der Revolution ist Omar Aziz. Der Wirtschaftswissenschaftler hatte in Grenoble studiert und war gleich zu Beginn der Revolution nach Syrien zurückgekehrt. Er gilt als Vater der Gemeindekomitees. Nach seiner Verhaftung durch den gefürchteten Geheimdienst der Luftwaffe starb er an dreimonatigen Folterqualen. Die syrische Revolution ist reich an Heldentum dieser Art. Es ist eine bleibende Aufgabe, seiner zu gedenken und das Volk in seinem Leid und seinem Mut nicht zu vergessen. Aber wer erinnert sich in Frankreich noch an Omar Aziz?

Die Geschichte ist grausam. Sie behält leichter die Namen der Schweinehunde als der Helden. Wir sind so von dem Gedanken an unsere Sicherheit besessen, dass wir beschämende Entscheidungen treffen. Während allein die amerikanische Militäroperation fast zehn Millionen Dollar am Tag kostet, musste im letzten Winter das Welternährungsprogramm der Vereinten Nation seine Nahrungsmittelhilfe für syrische Flüchtlinge aussetzen, weil die finanziellen Mittel dafür fehlten. Millionen von Syrern waren gezwungen, den Winter in den Zeltlagern an den Grenzen ihres Landes mit leerem Magen zu verbringen.

Wie kann man da überrascht sein, dass unsere Gleichgültigkeit Verärgerung hervorruft, dass wir Vertrauen und Ansehen verlieren? So wie Yassin al-Hay Saleh verlieren immer mehr demokratische und laizistische Syrer die Achtung, die sie bisher dem Westen entgegenbrachten. »Wir sterben nicht in aller Stille. Seit drei Jahren schreien wir nun schon und man weigert sich uns zu hören«, sagte mir einer meiner Freunde in Raqqa neulich. »Für mich ist seit langem klar, dass der Westen den Sturz des Regimes gar nicht will«, gibt Jihad Yazigi zu. »Der Konflikt ist auf beiden Seiten in einer Blockade. Die Opposition hat keinerlei Hoffnung, die urbanen Zentren einzunehmen; die Armee hat keine Möglichkeit, Ghouta oder die verlorenen ländlichen Gebiete zurückzuerobern. Diese Situation gefällt dem Westen. Allerdings wäre es ihm lieber gewesen, Baschar hätte nicht so viele getötet. Das ist das einzig Störende, um ihn so zu unterstützen, wie er es mit al-Sisi in Ägypten macht.«[111]

Dabei müsste man sich eigentlich viel mehr Sorgen um Syrien und den Irak machen. Diese Länder sind unsere Nachbarn. Wenn wir sie vergessen, werden sie sich uns auf die schrecklichste Weise in Erinnerung rufen: durch Bilder der Gewalt, durch Attentate als Ausdruck ihrer Hoffnungslosigkeit, die uns mit voller Wucht treffen. Man darf auch die Kraft der Syrer nicht unterschätzen. »Ihre beste Widerstandsleistung, das sind nicht die bewaffneten Männer«, so gibt Hala Kodmani verschmitzt ihre Einschätzung, »es ist der Widerstand der Zivilisten, die weiterhin die Kraft finden, in ihrem Versteck zwischen den Bombenangriffen des Regimes und den Sperren der Dschihadisten in ein herzhaftes Lachen auszubrechen.«[112] Nur wie lange wird dieses Lachen überleben können? »Die arabische Stadt ist dabei zu sterben«, alarmiert der Politologe Hamit Bozarslan. »Es kann sein, dass es 2020 keine syrische, keine irakische und auch keine jemenitische Gesellschaft mehr gibt. Ich bin nicht sicher, dass alle die Tragweite der Situation begriffen haben.«[113]

Doch diese Einsicht ist die Voraussetzung für unsere Antwort auf die Herausforderungen, vor die uns der Islamische Staat stellt.

Nachtrag zur deutschen Ausgabe: Die Falle

Der Islamische Staat versucht, der Welt eine globale Konfrontation aufzuzwingen. Die militärische Antwort kann nur ein bescheidener Teil der Strategie dagegen sein. Der Islamische Staat lässt sich viel wirkungsvoller bekämpfen, indem man sein Narrativ zerstört, anstatt seine Anhänger zu töten. Die Flüchtlinge sind dabei unsere Verbündeten.

Die Monate nach Erscheinen der ersten Auflage dieses Buches waren ereignisreich. Meine Stadt Paris wurde von zwei heftigen Attentaten heimgesucht. Eines richtete sich im Januar 2015 gegen die Redaktion der Satirezeitschrift *Charlie Hebdo*. Das andere traf im November desselben Jahres verschiedene Cafés und Bars sowie die Konzerthalle *Bataclan*.

Diese Attentate haben zu einer verschärften militärischen Antwort der internationalen Gemeinschaft geführt, während Russland seinerseits massive Luftschläge einsetzt, um das Regime von Baschar al-Assad zu unterstützen. Am 7. September 2015 kündigte der französische Präsident François Hollande Aufklärungsflüge im syrischen Luftraum an. Es waren Vorboten der Luftangriffe, die gegen Ende desselben Monats begannen. Zu diesem Zeitpunkt berief sich Frankreich auf das »Selbstverteidigungsrecht« und die »Notwendigkeit«, das eigene Staatsgebiet zu schützen. »Wir werden jedes Mal zuschlagen, wenn unsere nationale Sicherheit auf dem Spiel steht«, ließ der französische Staatschef verlauten. Leider! Statt die französische Bevölkerung zu schützen (gemäß der gängigen Formulierung, »die Terroristen dort zu bekämpfen, damit wir es nicht hier bei uns machen müssen«), folgte auf die französischen Militärschläge kurze Zeit später das Massaker im *Bataclan*. Die Terroristen haben sich während des Gemetzels im

Bataclan ausdrücklich auf die französische Politik in Syrien bezogen. Es wäre vermessen, die Attentate des 13. November in Paris als eine direkte Konsequenz der französischen Militärschläge zu betrachten. (Die Experten der Terrorabwehr argumentieren, eine solche Aktion verlange eine Vorbereitungszeit von deutlich mehr als den zwischen beiden Ereignissen liegenden sechs Wochen.) Aber man kommt nicht umhin festzustellen, dass die Militärschläge das französische Staatsgebiet ganz offensichtlich nicht sicherer gemacht haben. Sie haben im Gegenteil zweifellos dazu beigetragen, Frankreich unter den Ländern, die der IS zu treffen sucht, noch stärker als Zielscheibe hervorzuheben.

Welche Position konnte Frankreich einnehmen, nachdem es diesen Attentaten zum Opfer gefallen war? Die Luftschläge aussetzen? Das hätte ein Sieg der Terroristen bedeutet. Die Luftschläge verstärken? Es hat niemanden überrascht, dass diese zweite Antwort bevorzugt wurde. Schon einen Tag nach dem 13. November verstärkte die französische Luftwaffe ihre Angriffe, besonders auf die Stadt Raqqa. Die Bombenangriffe wurden zu einer Art Erleichterung, einem Ventil zum Abreagieren. Es war auch eine Art, sich und den anderen zu verstehen zu geben, dass man sich nicht ungestraft angreifen lässt und dass man fähig ist, seine Muskeln spielen zu lassen, zurückzuschlagen. Die Notwendigkeit dieser Luftschläge galt als unbestreitbar. Für die Bevölkerung vor Ort, einige 300 000 Zivilisten, die noch immer in der Stadt ausharren müssen, ist die Botschaft schrecklich. Die Propagandisten des Islamischen Staates hingegen triumphieren. Und sie geben den Syrern mit auf den Weg: »Ihr habt die ganze Welt gegen euch. Sie bombardieren euch feige. Nur wir allein sind stark genug, um euch zu beschützen.« Ich versuche, nicht zu polemisieren, und ich würde auch nicht so weit gehen, die französischen Piloten zu bezichtigen, dass sie ihre Kampfmittel fahrlässig einsetzen. Aber ich habe meinerseits lange genug in bombardierten Städten gelebt, um zu wissen, dass der Feind in den Augen der Bevölkerung eher das Flugzeug ist, das die Bomben feige aus der Luft abwirft, und weniger der gemeine bärtige Typ, der den Check-Point an der Straßenecke in Schach hält.

Direkt im Anschluss gab es eine heftige Debatte im britischen Parlament mit dem Ergebnis, dass sich auch die Royal Air Force im syrischen Luftraum engagiert. Einer der Abgeordneten hat mich zitiert. Wie viele Engländer täuschte er sich in der Absicht meiner damaligen Äußerungen und hielt mich für einen »Kriegsgegner«. Tatsächlich bestreite ich jedoch nicht die Bedeutung von gezielten Bombardierungen. Es wäre dumm, wenn ein westlicher Staat prinzipiell jeden Einsatz von militärischen Mitteln ablehnen würde. Solange die Welt ist, wie sie ist und der Mensch so unvollkommen bleibt, müssen Staaten die Möglichkeit behalten, ihre Macht einzusetzen, und sei es nur, um sie zu zeigen, ohne sie anzuwenden. Gleichzeitig ist es notwendig, sich ihrer abscheulichen Nebenwirkungen bewusst zu werden, um diese auf ein Minimum zu reduzieren. Die Syrer brauchen heute nicht mehr Bomben, sondern weniger. Egal, ob sie in einer von der Regierung, von der Opposition oder vom Islamischen Staat kontrollierten Gegend leben, nur wenige von ihnen befürworten die westlichen Bombenangriffe. Doch die Meinung der Syrer hat nur wenig Einfluss auf die Entwicklung von »Strategien« unserer Regierenden. Syrien ist zu einer Art riesigen Brache geworden, die den Einflüssen ausländischer Akteure ausgeliefert ist.

Diese Geringschätzung ist nicht nur unmoralisch. Sie ist auch ein strategischer Fehler. Unsere Auseinandersetzung mit dem Islamischen Staat ist ein asymmetrischer Konflikt. Die Experten wissen alle, dass die Bevölkerung in einem solchen Konflikt der Dreh- und Angelpunkt ist. Mehr als alle anderen Faktoren ist sie ausschlaggebend dafür, wer den Sieg davontragen wird. Nicht derjenige, der über die modernsten und raffiniertesten Waffen oder über die mutigsten Kämpfer verfügt, wird den Krieg in Syrien und im Irak gewinnen, sondern derjenige, dem es gelingt, die Syrer und Iraker auf seine Seite zu ziehen. Die einzig ausschlaggebende Eroberung ist nicht die einer bestimmten Stadt oder einer strategischen Position, sondern die der Herzen und des Geistes der Bevölkerung. Das kann nur gelingen, indem man für ihre Sicherheit Sorge trägt und mit Betroffenheit darauf reagiert, welchen Massakern sie zum Opfer fällt, und indem man sich entschlossen zeigt, starke und mutige Maßnahmen zu ergreifen, dem ein Ende zu setzen.

Was erhofft sich der Islamische Staat, seit er auf der Bildfläche auftauchte, und vor allem, seit er begonnen hat, den Westen anzugreifen? Die Erfüllung der apokalyptischen Prophezeiung von Dabiq, die ich bereits beschrieben habe. Er versucht die Welt in eine globale Konfrontation zu verstricken. Er beabsichtigt, der in dem Handbuch des Dschihadismus, »Die Verwaltung der Barbarei«, beschriebenen Theorie zu folgen und eine Spirale der Gewalt zu provozieren, aus der er als Sieger hervorzugehen glaubt. In unserem Kampf gegen die terroristische Gefahr sollten wir die Seiten im Kopf behalten, die die amerikanische Regierung unmittelbar nach dem 11. September geschrieben hat. Es handelt sich regelrecht um ein Gegenhandbuch, das die amerikanischen Verantwortlichen damals verfasst haben: Einmarsch in Afghanistan, dann im Irak (der zur Geburtsstätte des Islamischen Staates wurde), »Patriot Act«, Guantanamo und »Extraordinary Rendition«. Keine dieser Maßnahmen konnte Amerika schützen oder es gegen den Terrorismus stärker machen. Im Gegenteil. Sie haben seine moralische Größe geschwächt und seinen Gegnern Angriffsmöglichkeiten gegeben. Das Faszinierende am Terrorismus ist, dass der eigentliche Erfolg eines Attentats nicht von den Terroristen abhängt, sondern von ihren Opfern. Es ist völlig idiotisch anzunehmen, mit dem Angriff auf Afghanistan und den Irak habe man Osama bin Laden und al-Qaida bestraft. Der wahre Erfolg des 11. September war nicht der Einsturz der Zwillingstürme in New York, sondern der Einmarsch in jene beiden Länder. Das Opfer der Terroristen verhilft seinen Angreifern zum Sieg.

Wenn die Terroristen uns mit ihren Attacken provozieren, dann wollen sie genau das erreichen. Sie wollen, dass wir antworten, dass wir in ihre Eskalation einsteigen, dass wir aufhören nachzudenken und dass wir glauben, Gegengewalt sei die einzig mögliche Antwort auf Gewalt. Im Gegensatz zu George W. Bushs Reaktion sollten wir uns ein Beispiel an der Lektion in Menschlichkeit nehmen, die Norwegen der Welt geboten hat, nachdem am 22. Juli 2011 Anders Behring Breivik in Oslo und auf der Insel Utoya 77 Menschen, fast alles Jugendliche, ermordet hatte. Ministerpräsident Jens Stoltenberg von der sozialdemokratischen Arbeiterpartei kündigte überraschend »mehr Demokratie, mehr Offenheit, mehr Menschlichkeit« an, und zwar »ohne Naivität«: »Wir müssen sehr klar unterscheiden zwischen extremen Ansichten und Meinungen, die ganz legal und legitim sind, und dem unrechtmäßigen Einsatz von Gewalt, um diese extremen Ansichten durchzusetzen. Wir haben eine offene Gesellschaft, eine sichere Gesellschaft, in der man eine politische Debatte führen kann, ohne bedroht zu werden«, betonte er. Es ist nicht unerheblich dabei zu bedenken, dass sich diese von Menschlichkeit durchdrungene Antwort an einen Terroristen richtete, der sich als Christ bezeichnet und von einer hasserfüllten Ideologie sowohl gegenüber Moslems als auch gegenüber Einwanderern durchdrungen ist.

Noch einmal: Ich will nicht als naiv gelten. Ich kenne die Bedrohlichkeit der Welt und predige durchaus kein Gutmenschentum. Allerdings handeln die meisten Anhänger der »harten Gangart«, angefangen bei populistischen Politikern bis hin zu den Rassisten, auf eine Weise, die den Terroristen gefällt, weil sie ihrer Perspektive und ihren Erwartungen entspricht. Wichtiger noch als die Ausschaltung der Terroristen ist es, ihre erfolgreiche Propaganda zu zerstören. »Die Stärke des Islamischen Staates ist keine militärische. Er kann militärisch geschlagen werden und doch blieben die Ursachen für seinen Erfolg bestehen. Was macht seine Stärke aus? Es ist die Leere, die zusammenbrechende Staaten hinterlassen«, doziert der Historiker und Spezialist für den Mittleren Osten, Pierre-Jean Luizard, der auch der Verfasser des Buches »Le Piège Daesh« (»Die Falle Daesh«) ist. Das bedeutet aber, dass wir aus unserer Komfortzone herauskommen, Fehler eingestehen und neue Maßnahmen ergreifen müssen, um diese zu korrigieren. Durch seine aus dem Westen kommenden Mitstreiter kennt uns der Islamische Staat besser als wir ihn. Und aufgrund unserer ideologischen Vorurteile nehmen wir uns die Möglichkeit, ihn besser zu kennen. Der Islamische Staat weiß allerdings durch seine aus aller Herren Länder stammenden muslimischen Anhänger sehr genau, wie es um die Frustrationen der verschiedenen Gemeinschaften bestellt ist. Er tritt als Retter des »muslimischen Stolzes« auf gegenüber allen, die ihn verletzt haben: gegenüber den Tyrannen des Mittleren Ostens, die ihre Untertanen knechten; gegenüber dem Einfluss des Irans, der eine eingebildete Gefahr darstellt; gegenüber den Gesellschaften des Westens, deren Rassismus und Ausgrenzung von Fremden er übertreibt; gegenüber den Minderheiten und nichtarabischen Bevölkerungsgruppen im Mittleren Osten. Letztlich stellt er sich gegen die ganze Welt, denn genau das ist das Ziel dieser Gruppe: Es geht ihr darum, eine Gegnerschaft zwischen Moslems und Nichtmoslems zu konstruieren, einen unüberwindbaren Graben zu schaffen, zu zeigen, dass es keine andere Lösung als die Konfrontation gibt. Die Konfrontation wird so zum Schicksal.

Der Islamische Staat ist eine terroristische Gruppierung. Sein Funktionieren ist darauf ausgerichtet, uns zu terrorisieren. Wir sind seine Zielscheibe. Er will, dass wir versteinern, in panische Angst verfallen, unsere Urteilskraft einbüßen und schließlich gegen die Logik unserer eigenen Interessen handeln. Wir haben in diesem Buch gesehen, dass der Islamische Staat, so kriminell er auch ist, weniger zivile Opfer auf dem Kerbholz hat als das syrische Regime. Eine der Wirklichkeitsverzerrungen, die er uns aufdrücken will, ist unser Eindruck, er sei das Böse. Ich werde mit dieser Aussage vielleicht einige Leser schockieren, aber der Islamische Staat ist nicht das Böse. Er ist nur Ausdruck des Bösen, das Symptom. Ende 2015 habe ich eine Kolumne veröffentlicht, die in den sozialen Netzwerken viel Resonanz erhielt. Darin habe ich eine Metapher benutzt: »Stellen Sie sich vor, ihr Nachbar bittet Sie um Hilfe, weil seine Wohnung von Küchenschaben infiziert ist. Sie gehen zu ihm und sehen, dass seine Küche völlig verschmutzt ist. ›Entweder du machst sauber, und die Kakerlaken werden verschwinden‹, werden Sie ihm sagen, ›oder du versuchst, die Schaben zu bekämpfen, zu vergiften. Aber solange die Küche dreckig ist, wird die Jagd erfolglos bleiben.‹ Daesh (IS) ist nichts anderes als diese Kakerlaken. Der Schmutz im Mittleren Osten, das sind die autoritären Regime, die ihre Herrschaft nur auf Gewalt gründen. Daesh, das sind auch die Parallelgesellschaften, die Menschen dazu bewegen, sich nach ihrer Religion zu definieren, statt sich als Bürger zu sehen. Und nur wenn wir an diese Wurzeln des Terrors gehen, statt Terroristen zu töten, werden wir die Bedrohung auslöschen können.«

Die militärische Eskalation, das haben wir gesehen, ist weitgehend unproduktiv. Sie führt im Gegenteil dazu, dass der Westen mehr Moslems tötet und damit die Prophezeiungen des Islamischen Staates Wirklichkeit werden lässt. Das gefällt ihm. Verheerend wäre für ihn dagegen die Einrichtung einer Sicherheitszone für alle nicht von ihm beherrschten Gebiete Syriens. Diese Zone hätte je nach Lage des Geschehens sich verschiebende Grenzen und würde einer Bitte entsprechen, die von der syrischen Bevölkerung seit den ersten Monaten der Revolution geäußert wird. Sie wäre eine unschätzbare Erleichterung für alle Syrer, die gegen zwei gleichrangige Willkürherrschaften kämpfen. Die Bewohner der von terroristischen Gruppen beherrschten Gebiete würden die Hoffnung schöpfen, von solchen Flugverbotszonen zu profitieren und die Dschihadisten zu verjagen. Eine solche Maßnahme würde der Propaganda des Islamischen Staates den Wind aus den Segeln nehmen. Denn dessen unwidersprochener lügnerischer Selbstdarstellung zufolge ist er als einziger stark genug, eine Bevölkerung zu schützen, die zudem von einer Vielzahl anderer Länder bombardiert wird.

Ich habe in diesem Buch zu zeigen versucht, dass die Radikalisierung das Ergebnis von Gewalt und Unterdrückung ist. Wenn Gewalt eine Radikalisierung in Gang setzt, müsste es umgekehrt helfen, eine Entradikalisierung zu erzeugen, sofern man der Bevölkerung mehr Sicherheit bietet. Die Stärkung der Sicherheit ließe die Kluft zwischen den radikalen Gruppen und den Bevölkerungsgruppen, die von ihnen beherrscht werden, klar zutage treten. Die Syrer müssten nicht mehr jeden Morgen schon beim Aufwachen um ihr Überleben fürchten. Eine Flugverbotszone hätte nicht nur eine humanitäre Wirkung und würde die Flüchtlinge in der Region halten, sie wäre auch eine politische Herausforderung. Die Syrer wären nicht mehr ausschließlich mit dem täglichen Überleben beschäftigt und könnten sich wieder Gedanken um ihre Zukunft machen, sie könnten über ein gemeinsames politisches Projekt nachdenken, nicht zuletzt deshalb, weil die dann zurückgehende Zahl der Opfer die Konflikte unter den Bevölkerungsgruppen befrieden und die Aufrufe zur Rache eindämmen könnte. Denn beides sind wesentliche Faktoren, die zur Vermehrung besagter Kakerlaken beitragen. Wirkt man ihnen entgegen, würde der Islamische Staat wie ein Kartenhaus in sich zusammenfallen.

Am Maßstab dieser Überlegungen muss die seit September 2015 mit großangelegten Luftangriffen laufende russische

Intervention in Syrien gemessen werden. Dieser Einsatz geht von einer weit gefassten Definition »terroristischer Gruppen« aus, zu denen mal alle bewaffneten Gruppen, die sich auf eine islamistische Ideologie berufen, mal all jene Gruppen gezählt werden, die das Regime von Baschar al-Assad bekämpfen. Es war sicher kein Zufall, sondern im Gegenteil ein starkes Signal, dass die allerersten Luftangriffe sehr sorgfältig die Ziele des Islamisches Staates ausgespart haben und stattdessen systematisch Gruppen bombardierten, die von den Vereinigten Staaten dazu ausgewählt, bezahlt und ausgerüstet worden waren, gegen den Islamischen Staat zu kämpfen! Russland behauptet zwar, die Dschihadisten zu bekämpfen, hat ihnen aber im Gegenteil eine unverhoffte Unterstützung aus der Luft geliefert. Anfang Oktober haben die westlichen Geheimdienste mit Blick auf die Angriffsziele der russischen Luftwaffe Alarm geschlagen: »Unseren Informationen nach werfen sie Bomben steuerungslos auf Wohnviertel ab, sie töten Zivilisten und nehmen die Streitkräfte der Freien Syrischen Armee, die Assad bekämpft, ins Visier«, erklärte der britische Verteidigungsminister Michael Fallon. Putins Prioritäten offenbaren sich angesichts all dieser Ziele: Das Regime an der Macht halten, in erster Linie die gemäßigten Kräfte bekämpfen, die ihm als einzige wirklich gefährlich werden können, und vor allem ein Machtvakuum zwischen Assad und dem Islamischen Staat schaffen, in der Hoffnung, dass die Parole »Assad oder der IS« endlich zur einzigen Alternative für die Welt wird.

Am 31. Oktober 2015 brachte ein örtlicher Ableger des Islamischen Staates den russischen Airbus A321 kurz nach dem Start im ägyptischen Scharm al-Scheich über der Sinai-Halbinsel zum Absturz. Dabei wurden alle 224 Insassen getötet.

Der IS bekannte sich zu dieser Aktion als Racheakt für die russischen Angriffe auf Syrien. Der russische Präsident antwortete darauf, wenig überraschend, mit einer Verstärkung der Luftschläge. »Der Einsatz der Luftwaffe in Syrien muss fortgesetzt und intensiviert werden, damit die Verbrecher verstehen, dass Rache unausweichlich ist.« Nach dem Attentat haben wir immerhin gesehen, dass die russischen Militärschläge neu ausgerichtet wurden und inzwischen auch Regionen bombardiert werden, in denen sich der Islamische Staat verschanzt hat, auch wenn solche Ziele noch sehr marginal bleiben. Die Bilanz des ersten Monats der russischen Militärschläge liegt laut der Syrischen Beobachtungsstelle für Menschenrechte SOHR bei 595 Toten, darunter sind 279 gemäßigte Rebellen, 185 Zivilisten (davon 48 Kinder und 46 Frauen) und nur 131 Dschihadisten des Islamischen Staates.

Amnesty International hat mehrere Berichte veröffentlicht, in denen die russischen Bombenangriffe auf Syrien scharf verurteilt werden. In einem besonders strengen dieser Berichte erklärt Philip Luther, Direktor des Programms für den Mittleren Osten und Nordafrika bei der NGO, dass anscheinend »einige der russischen Luftangriffe ganz direkt Zivilpersonen oder zivilen Objekten galten. Es wurden Wohngebiete ohne nachweisliche militärische Ziele bombardiert, ja sogar medizinische Einrichtungen. Tote und Verletzte unter der Zivilbevölkerung waren die Folge. Solche Angriffe sind potentiell Kriegsverbrechen.« Auf diese sehr schweren Anschuldigen, die zudem durch Bildmaterial und Augenzeugenaussagen aus erster Hand dokumentiert sind, hat die russische Regierung nur mit Schweigen und mit lügnerischen Gegendarstellungen geantwortet. Eines der augenfälligsten Beispiele betrifft den Angriff auf die Omar Bin al-Khattab-Moschee in der Stadt Jisr al-Shughour am 1. Oktober 2015. Nachdem es Proteste gegeben hatte, meldete sich der russische Verteidigungsminister wütend zu Wort, sprach während einer Pressekonferenz von »medialen Falschmeldungen« und zeigte ein Satellitenbild, auf dem angeblich die unversehrte Moschee zu sehen war. Es handelte sich um eine fahrlässige Manipulation: Das Satellitenbild zeigte ein ganz anderes Gebäude. »Diese Methoden werfen die Frage auf, wie weit die russischen Autoritäten gehen würden, um jegliche Kritik an ihrem Einsatz zu unterbinden«, schlussfolgert Amnesty. Berichte verschiedener NGOs und Videos von Menschenrechtsaktivisten belegen, dass die russische Luftwaffe Bomben ohne Lenksysteme verwendet, deren besonders unpräziser Einsatz in von Zivilisten bewohnten Gebieten verboten ist, speziell der Einsatz von Streu- und Brandbomben.

Ich kann dieses Kapitel nicht abschließen, ohne von Flüchtlingen gesprochen zu haben. Sie stellen die letzte Falle dar, die der Islamische Staat für uns bereithält. Der Sommer 2015 war geprägt von einem beispiellosen Zustrom von mehr als einer Million hauptsächlich syrischer Asylbewerber nach Europa. Diese Flüchtlingswelle bedeutet ein eklatantes Scheitern für die Propaganda des Islamischen Staates. Es sei daran erinnert, auf welche beiden Punkte sich die Propaganda des Islamischen Staates stützt: Zunächst einmal darauf, dass ein guter Moslem in einer westlichen Gesellschaft nichts zu suchen hat (in diesem Punkt sind die Dschihadisten und die europäische extreme Rechte einer Meinung). Zweitens darauf, dass die in Europa lebenden Moslems diskriminiert werden, Opfer von

Ausgrenzung, Rassismus und Hass sind. Aus diesem Grund wurde das Kalifat gegründet, ein erträumter Staat, der dazu ausersehen ist, den Moslems zu ermöglichen, ihren Glauben ohne Einschränkung in einer von unmoralischen Versuchungen freien Umgebung zu leben und weit weg von jeglicher Schikane ihren Stolz wiederzufinden. Diese Dimension des Islamischen Staates wird wenig beachtet: Auch wenn die europäischen Dschihadisten des Islamischen Staates in der Mehrzahl Gauner und ehemalige Kriminelle sind, so handelt es sich doch auch um junge Menschen, die sich als eine Art Gründerväter sehen, genauso wie die Gefährten eines George Washington oder Theodor Herzl!

Doch was stellen wir stattdessen angesichts der Flüchtlingskrise fest? Hunderttausende, fast alle Moslems, verlassen dieses erträumte gelobte Land und suchen Schutz bei den Ungläubigen. Und sie werden überdies noch, vor allem in Deutschland und einigen nordeuropäischen Ländern, mit Hochrufen und Solidaritätsbekundungen empfangen. Diese Entwicklung erschüttert das Narrativ, auf dem das Kalifat errichtet wurde. Der Islamische Staat hat also ein vitales Interesse daran, den Flüchtlingsstrom zu stören, Europa dazu zu drängen, seine Grenzen zu schließen und in der öffentlichen Meinung Zweifel zu säen, um der Solidaritätswelle entgegenzuwirken. Vor diesem Hintergrund ist es sicherlich kein Zufall, dass mindestens zwei der Attentäter des 13. November in Paris mit syrischen Pässen und als Flüchtlinge getarnt nach Europa gekommen waren. Der Islamische Staat sieht die Flüchtlingsfrage als eine tödliche Falle, die er dem Westen zu stellen sucht. Denn wenn es ihm gelingen sollte, den Flüchtlingszustrom zu unterbrechen und die Europäer dazu zu bringen, die Flüchtlinge als

Gefahr zu sehen, dann ist ihm ein entscheidender Schritt hin zu dem von ihm beabsichtigten globalen Konflikt gelungen.

Im Gegensatz dazu könnten diese Flüchtlinge eigentlich ein Trumpf in unserem bislang so zögerlichen Kampf gegen die Radikalisierung sein. Ich muss hier an den Verein aus Savigny-le-Temple, einer kleinen Stadt in der Umgebung von Paris, denken, der mich im Dezember 2015 eingeladen hatte. Dieser Verein war einige Monate zuvor unter dem schockierenden Eindruck gegründet worden, dass zwei Jugendliche von dort nach Syrien aufgebrochen waren und einer der beiden bereits nach kurzer Zeit zu Tode kam. Seitdem versuchen die Mitglieder des Vereins das Zusammenleben zu stärken und den Botschaften der Dschihadisten, denen es gelungen war, gewisse Kreise der muslimischen Gemeinschaft zu beeinflussen, etwas entgegenzusetzen. Als Opfer des Terrorismus hat man mich also gebeten, dort einen Vortrag zu halten. Ich habe zugestimmt, allerdings unter der Bedingung, dass mich zwei Flüchtlinge aus Raqqa begleiten. Beide sind revolutionäre Aktivisten, die Raqqa verlassen mussten, als der Islamische Staat dort die Kontrolle übernahm. Als Christ und Opfer des Islamischen Staates, also als Kritiker, so dachte ich mir, habe ich mit meiner Stimme weniger Gewicht im Vergleich zu diesen beiden Syrern. Sie sind Moslems und würden von den potentiellen Dschihadkandidaten als ›Brüder‹ wahrgenommen. Denn wenn der Islamische Staat Freiwillige anwirbt, bedient er sich gerne der humanitären Schiene. Er instrumentalisiert die Massaker des Regimes an der Zivilbevölkerung und unterstreicht die Notwendigkeit, ihr zu Hilfe zu kommen. Was also konnte ich Besseres tun, um diese Strategie zu entlarven, als die jungen Muslime mit zwei rechtschaffenen Aktivisten zu konfrontieren, die gezwungen waren, vor den Übergriffen des Islamischen Staates zu fliehen?

Die Dschihadisten beabsichtigen, zwischen den Flüchtlingen und unseren Gesellschaften eine Kluft entstehen zu lassen. Gönnen wir ihnen nicht diesen Erfolg, indem wir dem Druck der Populisten und ihrem Sicherheitsgerede nachgeben. Die Flüchtlinge sind im Gegenteil unsere wichtigsten Verbündeten, wenn es darum geht, unsere Jugendlichen davon abzuhalten, sich in das Abenteuer des Dschihad zu stürzen!

Danksagung

Mein Dank gilt allen Irakern und Syrern, die ich während meiner Reportagen in den letzten zwölf Jahren kennenlernen konnte. Sie haben mit mir geredet, manche von ihnen unter Lebensgefahr. Ihrer Gastfreundschaft tat das keinen Abbruch. Ich verdanke ihnen mein Verständnis ihres Landes und ihrer Gesellschaft. Sie haben dazu beigetragen, unsere Klischeevorstellungen, in die wir uns einlullen lassen, aufzubrechen. Wir bezeichnen den Orient gern als »kompliziert«, dabei ist er uns in Wirklichkeit sehr nah.

Meine unendliche Dankbarkeit gilt auch denjenigen, die mir beim Schreiben dieses Buches geholfen haben, indem sie mir ihre Überlegungen zuteilwerden und mich von ihren Kenntnissen profitieren ließen. Ein großes Dankeschön an alle, die ich zur Verbreitung ihrer Gedanken interviewen durfte. Ihr Beitrag ist von unschätzbarem Wert. Wladimir und Frantz Glasman waren mir aufmerksame Assistenten. Alle Fehler und Ungenauigkeiten, die womöglich noch im Text geblieben sind, habe allein ich zu verantworten.

Schließlich bin ich es den Opfern der genannten Konflikte schuldig, ihr Andenken zu wahren. Es wäre unangebracht, sie alle aufzulisten. Die Liste müsste unvollständig bleiben und ich würde womöglich auf den Abweg geraten, eine Art Rangliste zu erstellen. Es sei mir gleichwohl gestattet, meine unermessliche Sympathie für den italienischen Jesuitenpater Paolo Dall'Oglio zum Ausdruck zu bringen. Genau wie ich trägt er »Syrien im Herzen«. Einen Monat nach meiner Entführung war er in Raqqa unterwegs, um einen Waffenstillstand zwischen Dschihadisten und Peschmerga auszuhandeln. Als er den Sitz des örtlichen Gouverneurs erreichte und eine Audienz beim Emir des Islamischen Staates erbat, hatte er die Namen einiger, von der Gruppe gefangener Menschen im Kopf, in der Hoffnung, ihre Freilassung zu erlangen. Mein Name gehörte dazu. Dall'Oglio wurde dann selbst gefangen genommen. Heute bin ich frei und er ist immer noch verschwunden. Ich möchte ihm meine ewige Dankbarkeit bekunden.

Der Verleger dankt Valentin Kowalski.

Auswahlbibliographie

Youssef Courbage, Mohammed Al-Dbiyat, Baudoin Dupret (Hrsg.): La Syrie au présent. Reflets d'une société. Arles: Actes Sud, 2007.

Sophia Amara: Infiltrée dans l'enfer syrien. Du Printemps de Damas à l'État islamique. Paris: Stock, 2014.

Myriam Benraad: Irak, la revanche de l'histoire. Paris, Vandémiaire, 2015.

François Burgat, Bruno Paoli (Hrsg.): Pas de printemps pour la Syrie. Paris: La Découverte, 2013.

Paolo Dall'Oglio: La Rage et la Lumière. Un prêtre dans la révolution syrienne. Ivry-sur-Seine: Éditions de l'Atelier, 2013.

Caroline Donati: L'Exception syrienne, entre modernisation et résistance. Paris: La Découverte, 2011.

Jacques Ferrandez: Carnets d'Orient. Voyage en Syrie. Tournai: Casterman, 1999.

– Carnets d'Orient. Irak, dix ans d'embargo. Tournai: Casterman, 2001.

Jean-Pierre Filiu: La Révolution arabe. Dix leçons. Paris: Fayard, 2011.

- Le Nouveau Moyen-Orient. Les peuples à l'heure de la révolution syrienne. Paris: Fayard, 2013.
- Je vous écris d'Alep. Au cœur de la Syrie en révolution. Paris: Denoël, 2013.

Burhan Ghalioun: Islam et politique. La Modernité trahie. Paris: La Découverte, 1997.

Moustapha Khaliff: La Coquille. Prisonnier politique en Syrie. Arles: Actes Sud, 2012.

Jonathan Littell: Notizen aus Homs. Berlin: Hanser, 2012. (Originalausgabe: Paris: Gallimard, 2012)

Jean-Pierre Luizard: Le Piège Daech. L'État islamique ou le retour de l'histoire. Paris: La Découverte, 2015.

Joumana Maarouf: Lettres de Syrie. Paris: Buchet-Chastel, 2009.

Ziad Majed: Syrie, la révolution orpheline. Arles: Sindbad, 2014.

Thomas Pierret: Baas et islam en Syrie. Paris: PUF, 2011.
- Religion and the State in Syria. The Sunni Ulama from Coup to Revolution. Cambridge University Press, 2013.
  Au cœur des révoltes arabes. Devenir révolutionnaire. Paris: Armand Colin, 2013.

Olivier Roy: En quête de l'Orient perdu. Entretiens avec Jean-Louis Schlegel. Paris: Le Seuil, 2014.

Marie Seurat: Les Corbeaux d'Alep. Paris: Gallimard, 1989.
- Syrie. L'État de barbarie. Paris: PUF, 2012.

David Thomson: Les Français djihadistes. Paris: Les Arènes, 2014.

Anmerkungen

1 Der Islamische Staat (bis Juni 2014 »Islamischer Staat im Irak« oder »… im Morgenland« [in der Levante] oder ISIL genannt, bis er jegliche territoriale Angabe ablegte) ist unter verschiedenen Namen bekannt. Im angelsächsischen Raum wird er hauptsächlich mit den Initialen bezeichnet: »IS«, »ISIS« oder »ISIL«. In Frankreich wie im Mittleren Osten wird er häufig »Daesh« genannt, ein Akronym, das sich aus den arabischen Anfangsbuchstaben herleitet, allerdings mit einer stark negativen Konnotation. Zahlreiche Medien haben entschieden, dem Namen das Wort »Gruppierung« voranzustellen, um zu unterstreichen, dass es sich nicht um einen »Staat« im eigentlichen Sinne handelt. Ich gehe davon aus, dass es mir nicht zusteht, einen anderen Namen als den zu verwenden, den er sich selbst gibt. Meine Kritik richtet sich gegen seine Taten und seine Ideologie, ohne ihn zu verdammen. Im Folgenden wird durchgehend der Begriff »Islamischer Staat« verwendet, außer wenn von mir zitierte oder interviewte Personen einen anderen Namen benutzt haben.

2 Zitiert nach der russischen Agentur RIA Novosti, 19. Juni 2012.

3 http://ripostelaique.com/que-se-passe-t-il-reellement-en-syrie.html

4 Nachveröffentlicht auf All4Syria, 13. Oktober 2013.

5 Bezeichnet in der arabischen Stammesgesellschaft die emotionale Bindung zwischen den Mitgliedern einer Familie, eines Clans oder eines Stammesverbands sowie ihre Bereitschaft, in jedem Fall gegenüber Außenstehenden zusammenzuhalten.

6 Michel Seurat, Syrie. L'État de barbarie. Paris: PUF, 2012 (Neuauflage).

7 Zakaria Taha, La Problématique de la laïcité à travers l'expérience du Parti Baath en Syrie. Paris: EHESS, 2012.

8 Burhan Ghalioun, Islam et politique. La modernité trahie. Paris: La Découverte, 1997.

9 Zakaria Taha, op. cit.

10 Gespräch mit dem Autor.

11 Veröffentlicht in französischer Sprache in der Zeitschrift L'Express, 14. März 2014.

12 Gespräch mit dem Autor.

13 Gespräch mit dem Autor.

14 Gespräch mit dem Autor.

15 http://now.mmedia.me/lb/en/commentaryanalysis/death_of_a_cleric

16 Auswanderung in islamisches Gebiet. Dieser Begriff wird besonders für den Aufbruch zum Dschihad verwendet.

17 Gespräch mit dem Autor.

18 Gespräch mit dem Autor.

19 Ruth Sherlock, »Syria's Assad accused of boosting al-Qaeda with secret oil deals«, The Telegraph, 20. Januar 2014.

20 Phil Sands, »Assad regime set free extremists from prison to fire up trouble during peaceful uprising«, The National, 22. Januar 2014.

21 Ruth Sherlock, op. cit.

22 http://www.sada.pro/?p=18280

23 Der wirtschaftliche Aspekt des Konflikts wird in Kapitel 3 behandelt.

24 Romain Caillet, »Echec de l'offensive de l'Armée syrienne libre contre l'État islamique en Irak et au Levant«, OrientXX.info, 4. Februar 2014.

25 »Der Nusra-Chef nennt sich ›Abu Muhammed al-Golani‹, ein Pseudonym, das signalisieren soll, dass er aus der Golan-Region im Süden Syriens stammt.« 13.1.2013

26 Jacques Follorou, »Comment les services français ont voulu renouer avec Damas«, Le Monde, 6. Oktober 2014.

27 Gespräch mit dem Autor.

28 Gespräch mit dem Autor.

29 Gespräch mit dem Autor.

30 Gespräch mit dem Autor.

31 Gespräch mit dem Autor.

32 Gespräch mit dem Autor.

33 Gespräch mit dem Autor.

34 Konferenz vom 30. November 2014.

35 Gespräch mit dem Autor.

36 http://jihadyazigi.com/tag/nord-est/

37 Als ich im Juni 2013 in Raqqa war, hatten mehrere Zeugen von solchen Geschäftsabkommen berichtet, sowohl aus der Provinz als auch aus der Region Deir ez-Zor.

38 Ruth Sherlock, op. cit.

39 »A Homs, au cœur de la Syrie rebelle«, Le Point, 6. Oktober 2011.

40 Gespräch mit dem Autor.

41 Gespräch mit dem Autor.

42 Gespräch mit dem Autor.

43 Gespräch mit dem Autor.

44 Gespräch mit dem Autor.

45 Pressegespräch, Paris, September 2014.

46 Frantz Glasman: »Vie locale et concurrence de projets politiques dans les territoires sous contrôle de l'opposition, de djihadistes et des Kurdes en Syrie«, Paris, Oktober 2014.

47 Gespräch mit dem Autor.

48 3. September 2014.

49 Gespräch mit dem Autor.

50 Gespräch mit dem Autor.

51 http://www.vdc-sy.info/index.php/en/reports/1384453708

52 http://www.vdc-sy.info/index.php/en/reports/1400970048

53 Gespräch mit dem Autor.

54 Gespräch mit dem Autor.

55 So zu erkennen in dem Dokumentarfilm »Tonnerre roulant sur Bagdad« (ARTE, 2012), den ich gemeinsam mit Jean-Pierre Krief gedreht habe.

56 Später wurde er zum Oberbefehlshaber der amerikanischen Streitkräfte im Irak ernannt, dann zum Direktor des CIA.

57 Zitiert nach Warda Mohamed, »Constat d'échec en Irak«, OrientXXI. info, 1. November 2013. Außerdem Feurat Alani, »Irak-Syrien, mêmes combats«, Le Monde diplomatique, Januar 2014.

58 Ned Parker, Isabel Coles, Raheem Salman: »How Mossul fell – An Iraqi general disputes Bagdad's story«, Reuters.com, 14. Oktober 2014.

59 Feurat Alani, »A Mossul, une alliance contre nature entre le Baas et les djihadistes«, OrientXXI.info, 12. Juni 2014.

60 Ned Parker, Isabel Coles, Raheem Salman, op. cit.

61 Im Unterschied zur PKK, einer »bewaffneten Partei«, ist die PYD bis zum Ausbruch der Revolution lediglich eine politische Vereinigung.

62 Gespräch mit dem Autor.

63 Gespräch mit dem Autor.

64 Gespräch mit dem Autor.

65 Gespräch mit dem Autor.

66 Gespräch mit dem Autor.

67 Gespräch mit dem Autor.

68 Konferenz vom 30. November 2014.

69 Ins Französische übersetzt auf der Internetseite http://www.aleteia. org/fr/international/article/nous-sommes-tous-chretiens-ose-dire-a-la-television-une-celebre-journaliste-irakienne-musulmanne

70 Aymenn Jawad al-Tamimi: »Christians in Syria: seperating facts from fiction«, 13. November 2012.

71 PDF-Version (nur in arabischer Sprache) unter http://www.hanein. info/vb/showthread.php?t=158433

72 http://www.lepoint.fr/monde/ce-que-cache-la-menace-etat-islami-que-26-09-2014-1866999_24.php

73 Gespräch mit dem Autor.

74 Paolo Dall'Oglio, La Rage et la Lumière. Un prêtre dans la révolution syrienne. Ivry-sur-Seine: Éditions de l'Atelier, 2015.

75 Im Fernsehen ausgestrahlte Ansprache im Weißen Haus vom 10. September 2014.

76 Gaith Abdul-Ahad, »On the Frontline with the Shia fighters taking the war to Isis«, The Guardian, 24. August 2014.

77 Gespräch mit dem Autor.

78 »Irak, le chef d'une unitié d'élite iranienne est arrivé dès la prise de Mossoul«, AFP, 28. November 2014.

79 Ebd.

80 Berichtet von Armin Arefi, »Le nouvel ›ami‹ iranien des États-Unis«, Le Point, 31. August 2014.

81 Der Begriff wurde vom jordanischen König Abdullah II. geprägt, der 2006 die Errichtung einer neuen geopolitischen Achse vom Iran bis zum Libanon über Syrien und den Irak unter schiitischer Vorherrschaft fürchtete. Er prangerte die Spannungen zwischen Sunniten und Schiiten an und provozierte damit eine entrüstete Reaktion in Bagdad.

82 Peter Harling, »Ce que cache la menace ›État islamique‹«, lepoint.fr, 26. September 2014.

83 Baudoin Loos, »Les décapitations, le piège surnois des djihadistes«, Le Soir, 15. September 2014.

84 Robert Ford, »US airstrikes against ISIL helped Assad: Former Ambassador«, Anadolu Agency, 20. November 2014.

85 Gespräch mit dem Autor.

86 Gespräch mit dem Autor.

87 Rede in Washington am 16. November 2014, zitiert vor allem in »ISIS jihadists and Assad regime enjoy ›symbiotic‹ relationship says John Kerry«, The Guardian, 17. November 2014.

88 Alireza Doostdar, »How not to understand ISIS«, Universität von Chicago. Online verfügbar: http://divinity.uchicago.edu/sightings/how -not-to-understand-isis-alireza-doostdar

89 Gespräch mit dem Autor.

90 David Galula, Contre-insurrection: Théorie et pratique. Paris: Economica, 2008.

91 Gespräch mit dem Autor.

92 Gespräch mit dem Autor.

93 Benjamin Barthe, »Carnage à Raqqa, sous les bombes du régime«, Le Monde, 27. November 2014.

94 Gespräch mit dem Autor.

95 Gespräch mit dem Autor.

96 Gespräch mit dem Autor.

97 Gespräch mit dem Autor.

98 Gespräch mit dem Autor.

99 Frantz Glasman, op. cit.

100 Sun Tzu, Die Kunst des Krieges.

101 Allgemeine Diskussion am 26.11.2014 vor der Kommission für Verfassungsrecht, Gesetzgebung und allgemeine Verwaltung der Republik zur Prüfung des von Philippe Meunier eingebrachten Gesetzesentwurfs.

102 http://carnegie-mec.org/2014/11/07/ultimate-fatal-attraction-5-reasons-people-join-isis/htze

103 Im Original auf Deutsch.

104 John Bell, »Confidence men and their masquerade«, Kolumne auf der Internetseite Aljazeera.com, veröffentlicht am 21. September 2014.

105 Romain Gaillet, »Le Djihadisme n'est vu qu'au travers du sensationnel et de l'émotion«, Mediapart, 26. November 2014.

106 Er wurde anschließend von der Schweizer Justiz zu einer symbolischen Strafe verurteilt.

107 François Burgat, »Djihadistes sans frontières, pourquoi ils partent en guerre«, OrientXXI.info, 27. Oktober 2014.

108 http://orientxxi.info/magazine/angry-sunnis-et-djihadistes-sans,0730

109 Ebd.

110 Gespräch mit dem Autor.

111 Gespräch mit dem Autor.

112 Ebd.

113 Konferenz am 30.11.2014.